"十二五"职业教育国家规划教材
经全国职业教育教材审定委员会审定

U0670477

出版选题策划实务 (第2版)

主　编　程德和

副主编　翟　星　谈大勇　李　果　刘姗姗

CHUBAN XUANTI
CEHUA SHIWU

重庆大学出版社

内 容 提 要

本书为"十二五"职业教育国家规划教材，是出版与发行专业系列教材之一。

本书结合出版行业实践，围绕"选题创意、开发与管理"这个主题进行整体架构，基于出版选题策划工作流程和出版工作实际开发相应章节内容：选题信息采集、选题创意、选题论证、选题设计、选题营销管理、数字出版选题策划。本书形式新颖，材料丰富，项目设计贴近工作实际，可以作为高等职业院校、高等专科学校出版及相关专业的教材。

图书在版编目(CIP)数据

出版选题策划实务/程德和主编.—2 版.—重庆：
重庆大学出版社,2016.5(2023.8 重印)
全国高职高专印刷与包装类专业教学指导委员会"十
二五"规划教材.出版类专业系列教材
ISBN 978-7-5624-9754-7

Ⅰ.①出… Ⅱ.①程… Ⅲ.①选题(编辑工作)—高
等职业教育—教材 Ⅳ.①G232.1

中国版本图书馆 CIP 数据核字(2016)第 079824 号

出版选题策划实务
(第 2 版)

主 编 程德和
副主编 翟 星 谈大勇 李 果 刘姗姗
责任编辑:范 莹 版式设计:范 莹
责任校对:贾 梅 责任印制:张 策

*

重庆大学出版社出版发行
出版人:陈晓阳
社址:重庆市沙坪坝区大学城西路 21 号
邮编:401331
电话:(023) 88617190 88617185(中小学)
传真:(023) 88617186 88617166
网址:http://www.cqup.com.cn
邮箱:fxk@ cqup.com.cn(营销中心)
全国新华书店经销
POD:重庆市圣立印刷有限公司

*

开本:720mm×960mm 1/16 印张:13 字数:240 千
2012 年 11 月第 1 版 2016 年 5 月第 2 版 2023 年 8 月第 4 次印刷
ISBN 978-7-5624-9754-7 定价:36.00 元

【第 2 版前言】

结合出版行业实践和课程教学实践编写而成的《出版选题策划实务》正式出版以后,受到相应专业人士的肯定,也备受使用者好评。然而,关于出版选题策划的研究仍在继续,我们一方面关注出版前沿动态,一方面研究如何提升教材使用效果。本书获得"十二五"职业教育国家规划教材立项以后,我们以更加严谨的态度,投入本书修订工作中。

在本书修订工作开始之前,我们花了两个月的时间查找资料,咨询专家,并邀请出版工作一线编辑参编。在安徽教育出版编审杨多文、安徽美术出版社副社长马晓芸、原安徽电子音像出版社总编辑薛贤荣等众多资深专家的关心和指点下,我们制订了具体的修订方案。

教材修订过程中,我们坚持产学结合、理实一体的高等职业教育教学理念,同时通过如下三个方面的改进,提升教材质量:

第一,内容方面,突出行业前沿动态。

文化的发展、科技的进步推动出版业发生前所未有的变化,数字出版、全媒体出版等概念层出不穷,相应出版实践不断展开,随之而来的新问题、新方法、新技术亟待思考和解决,出版行业和出版教育都面临着巨大的机遇和挑战。目前的出版生态环境要求从业者不仅有识有度、视野开阔,而且要思维敏捷、能够与时俱进。为此,我们增添了全新的知识模块:出版选题策划方法和数字出版选题策划。相应模块中,部分内容也进行一定程度的修改,这也反映当前出版工作实际:我们看到中外出版界中有人守正创新、完善编辑技艺,有人阔步向前、开展全新格局,也有人另辟蹊径、进行独特诠释……这看似纷乱的景象恰为我们的文化市场注入新的活力,我们见证并参与这个过程也可谓一件幸事。

第二,体例方面,科学设计,合理构建。

在激烈的市场竞争中,出版工作者都已经意识到"全程策划"和"全方位策划"的重要性,众多的出版案例也验证了这一点。这本书在明确这一整体概念基础上,试图对出版过程进行科学有效地任务分解和知识模块整合,同时融入高等职业教育教学理念,通过相应实践环节的设置和有效实施提高本书使用者的专业能力。全书以"信息采集—选题创意—选题论证—选题设计—选题运营"为主线进行编写,所有知识模块都以某一现象、事件或观点引发"思考",然后在"正文"中阐释相应理论知识,再以典型"案例"佐证,另以"实践"提升相应知识应用能力,最后以"延伸阅读"帮助阅读者开阔视野、拓展思路。这样的框架体系使本书成为一个完整而又开放的平台,阅读者可窥一斑,亦可识全貌;可理论解析,亦可实践锻炼。为更好实现这一目标,我们坚持:选取案例时务求典型、新颖,阐述相应内容时务求简洁、具体,设计实践项目时注重科学、可行。

第三,行业专家深度参与,教材内容更丰富。

得益于良好的校企合作平台和出版人对出版行业的挚爱,本书的修订得到了众多出版专家的热情支持。他们或给出宝贵意见,或提供难得的材料,或分享自己关于出版工作的思考——他们使本书更丰富、更完善、更贴近实际。还有很多勤于出版实践和研究的人给了我们更多的思考和观察角度,也让我们心生敬畏,让我们在求索中理解传承的意义,更激励我们不断向前。希望本书的阅读者能够体会出版实践者的观察与思考。

本书中模块1和模块2由安徽新闻出版职业技术学院老师谈大勇编写,模块3由安徽文艺出版社编辑刘姗姗编写,模块5由安徽新闻出版职业技术学院老师程德和编写,模块7和模块8由安徽新闻出版职业技术学院老师李果编写,模块4和模块6由安徽新闻出版职业技术学院老师翟星编写,全书由翟星统稿。

感谢教育部职业教育与成人教育司对这本书的审读,感谢重庆大学出版社对本书的重视,感谢安徽教育出版社编审杨多文、安徽美术出版社副社长马晓芸、原安徽电子音像出版社总编辑薛贤荣、安徽文艺出版社编辑刘姗姗等人对本书修订工作的大力支持。书中引用一些文章,大部分都已经注明出处(未注明出处的均来自网络),在此向这些出版实践和研究者致以崇高的敬意。学识有限,书中如有错讹,欢迎大家批评指正。

编　者

2015 年 11 月

【第 1 版前言】

在信息技术快速发展、大众媒介逐渐增多、市场竞争日益激烈的今天,出版业生存环境发生了巨大变化。选题策划作为提升出版业核心竞争力的关键,备受重视。强化出版选题的策划和组织,增强选题竞争力是出版活动成功的基础。在这种背景下,学习和掌握出版选题策划的内涵及组织等相关知识与技能显得尤为重要。

作为高职高专出版与发行专业系列教材之一,本书试图在出版选题策划实践和前人理论研究的基础上,结合高职教育和高职学生特点,努力做到理论与实践相结合,满足以能力为目标、以学生为主体、以教师为主导、以项目为载体的课程改革要求。教材以"出版选题创意与开发"为主线,按照工作流程开发相应内容:信息采集、选题创意、选题论证、选题设计与选题推广。每一阶段围绕相应能力要求,安排任务思考、理论知识、案例分析、实践项目和延伸阅读,致力于岗位综合能力的培养。本书具有如下特点:

1. 突出行业一线工作特征

高等职业教育培养的是既有一定的理论知识,又有实践操作能力的高等技术应用型专门人才。出版选题策划又是实践性很强的工作,因此,我们邀请了行业专家一起完成本书。尝试摆脱理论分析模式,加强实践性教学环节,融入充分的实训内容,以此保证对高职学生实践能力的培养,体现出版行业作为内容产业对从业者的综合素养和技能要求。

2. 工学结合,激发学生的积极性和创造性

结合教学实践经验,将案例分析和项目驱动纳入教材整体结构。典型案例分析,一方面帮助学生更多地了解出版行业和出版选题策划实践;另一方面,也使学生开阔视野,拓展思路,刺激他们积极思考。项目驱动,学生在进行项目操作的过程中,自觉进行相应的能力训练,再通过一定形式的沟通和交流,培养学生的创新意识、合作意识和协调能力。

3.表现形式新颖,项目设计贴近实际

本书力求文字通俗易懂,材料丰富,图文并茂,使学生易于接受和理解。项目设计也尽可能贴近学生实际,这样学生更容易着手实践,也更能体会创造的乐趣。

本书模块1和模块4由安徽新闻出版职业技术学院程德和编写,模块2,3,6由安徽新闻出版职业技术学院翟星编写,模块5由谈大勇编写,全书由翟星统稿。

在全国高职高专印刷与包装专业教学指导委员会和安徽新闻出版职业技术学院领导的高度重视下,本书得以立项;在原安徽电子音像出版社总编辑薛贤荣、重庆大学出版社编辑李竹君、安徽文艺出版社编辑刘姗姗等人的大力支持下,本书的编写工作最终完成;大量出版选题策划实践或理论研究者的经典案例或理论探讨,丰富了本书内容,在此一并致谢。

由于时间仓促加上学识有限,书中如有错讹,欢迎大家批评指正。

编　者

2012 年 6 月

目录

模块1　出版选题策划概要 ··· 1

　任务1　选题与出版选题策划 ··· 2

　任务2　出版选题策划要素 ··· 7

　任务3　出版选题策划机制 ·· 17

模块2　出版选题策划方法 ·· 23

　任务1　选题策划方法的含义、种类及作用 ································· 24

　任务2　选题策划的思维方法 ··· 26

　任务3　选题策划的工作方法 ··· 30

模块3　出版信息采集 ·· 45

　任务1　出版信息概述 ··· 46

　任务2　出版信息采集与加工 ··· 49

模块4　出版选题创意 ·· 63

　任务1　大众类图书选题创意 ··· 64

　任务2　专业类图书选题创意 ··· 69

任务 3　教育教学类图书选题创意 ································· 75

任务 4　古籍类图书选题创意 ····································· 82

任务 5　引进类图书选题创意 ····································· 87

任务 6　畅销书选题创意 ··· 96

模块 5　出版选题论证 ·· 107

任务 1　政策导向论证 ··· 108

任务 2　学术价值论证 ··· 114

任务 3　市场价值论证 ··· 120

模块 6　出版选题设计 ·· 129

任务 1　选题组织 ··· 130

任务 2　产品设计 ··· 137

模块 7　出版选题营销管理 ······································ 149

任务 1　营销定位 ··· 150

任务 2　宣传推广 ··· 156

任务 3　出版品牌建设 ··· 163

任务 4　出版衍生产品开发 ······································· 168

模块 8　数字出版选题策划 ······································ 177

任务 1　认识数字出版 ··· 178

任务 2　数字出版时代的立体选题设计 ····························· 185

任务 3　数字版权保护 ··· 191

参考文献 ·· 196

模块1

出版选题策划概要

学习目标

知识目标

1. 了解选题与出版选题策划的含义；

2. 熟悉出版选题策划的内容与注意事项；

3. 熟悉出版选题策划机制与组织形式；

4. 掌握出版选题策划方案构成。

能力目标

1. 能说出不同出版选题对象的类型与特点；

2. 能分析不同选题的策划角度及优缺点；

3. 能根据已有信息完成出版选题策划方案；

4. 能明确提升选题策划能力和综合素养的方向。

任务 1　选题与出版选题策划

【思考】

在市场的高度压力下,今天的编辑不再单纯地只面对作者与作品,更需要面对市场。于是,今天的编辑已经成为一个整合者(coordination)。他是出版流程中的核心,包括:

创意的起始者

信息的收集者

成本的控制者

他要参与协调,将编务与业务整合,他更要参与营销活动。

——林载爵(台湾联经出版公司发行人兼总编辑)

请思考上面这段话,结合出版工作实际,说说你对编辑和编辑工作的认识:

编　　辑	编辑工作
人员构成:	活动要素:
工作内容:	工作流程:
职业素养:	工作要求:

1.1.1　选　题

台湾著名出版人陈颖青说过编辑的乐趣在于"发现",发现一个题材、发现一个作者、发现一部作品、发现一个书名、发现一个可以与读者共享的意念。最后,发现你具备能够让读者喜爱你编辑的作品的能力。显然这里的"发现"内涵比较丰富,最为核心的应该是进行选题创意,并以专业技能和职业素养实施选题。那么,选题是什么呢?

2010 年 4 月出版的《辞海》(缩印本)中对选题这样解释:为出版物和广播、影视节目等精神文化产品,预先拟定的题目和相关事项,一般包括作品名称、内容主题、表现形式、消费者对象、估计篇幅(或节目容量)等项目。图书的选题通常还有对成品形态的设想。拟定选题是文化产品生产的基础和首要环节。选题既可由文化产品生产单位的编辑、创作人员提出,亦可由著译者自荐或他人推荐。创作、研究部门亦可首先拟定选题,以便组织作品。我们身边的大众新闻媒体,作为文化生产部门,其生产流程中的最重要一环就是定期召开的选题会。在激烈的媒体竞争中,面对海量的信息,如何选取主题、角度、形式,成了各家新闻媒体能否形成特色和持久生命力的决定性因素。反观出版业亦是如此。放眼琳琅满目的图书市场,吸引我们眼球的无一不是精心策划、独具匠心的图书品种,它们构成了图书市场一道亮丽的风景线。毋庸讳言,出版企业的竞争,图书市场上的较量,已越来越趋向于选题的竞争和较量——选题是出版的支点。选题策划成功与否直接影响着出版产品的最终命运和出版企业的发展。本书所说的出版选题主要指图书选题,也包括网络时代不同类型的数字出版选题。

1.1.2　出版选题策划

选题策划,顾名思义,是对选题的策划。从《辞源》上我们得知,"策"作为名词,有"马鞭""杖""简""策书""文体"等含义;作为动词,则有"以鞭击马"的意思;而其最重要的意思是"谋略"。"划"有"割裂""筹谋"等意思。"策划"合起来意味着筹谋、谋略、计策、对策等。现代意义的"策划"可以理解为借助一定的信息素材,为达到特定的目的、目标而进行设计、筹划,为具体的可操作性行为提供创意、思路、方法和对策。因此,出版选题策划,就是借助特定出版信息、素材,为实现特定出版目的、目标而提供的创意、思路、方法与对策。狭义的出版选题策划是指对具体选题的策划,即对将要出版的图书题目及其基本要素的构思、设计,也就是对书名、主题内容、读者对象、作者情况等进行策划;广义的出版选题策划则渗透稿件选择、编辑、生产、宣传、销售各个环节,包括市场调查、选题设计、选题价值、作者队伍、印装设计、读者定位、市场预测、效益预算、宣传推广、发行策略、信息反馈等方面,是一种整体策划或全程策划。

从上面的阐释中,我们可以得出:出版选题策划是一个动态的过程。进行出版选题策划,必须注意如下问题:

1）具有创新意识

出版选题策划,是编辑工作自觉性、创造性的体现,是编辑人员创新意识、创意能力的外化。这也是出版作为内容产业的最重要的特征,无论是内容创新还是形式创新,贯穿始终的是编辑的创新意识。

2）具有整体意识

如前所述，选题策划是一个系统工程，是一个整体概念。从前期的创意，到中期的制作设计，再到后期的营销推广都是出版选题策划时要考虑的问题。出版选题策划中各个要素、环节考虑的越细致、越成熟，出版选题运作成功的可能性也就越大。

3）具有效益观念

出版业担负着文化生产传播的重任，毫无疑问要注重社会效益。但是，经济效益也是极其重要的问题。经济效益跟图书的发行量紧密联系，是出版企业发展壮大的前提条件，同时也是作品传播能力的重要表现。所以，有人说最成功的编辑，骨子里都是精明的生意人，只有他们够精明，最后才有办法表现得更优雅。

【案例】

图1-1 《中国少年儿童百科全书》

浙江教育出版社出版的《中国少年儿童百科全书》（见图1-1）自1991年"六一"儿童节出版以来，深受少儿读者的欢迎，一直热销全国。截至2006年年底，全书3次改版，42次印刷，发行量超过300万套，创下了同类书之最，被誉为国内图书市场的"常青树"。该书不仅产生了极大的社会影响，还创造了可观的经济效益，是真正的双效图书。该书2006年入选为中央颁布的百套全国青少年最喜爱的优秀图书及新闻出版总署向青少年推荐的百种优秀图书。全书被专家誉为"出版界的新贡献，面向未来的成功尝试"，也是中国出版业公认的中国少儿百科读物的第一品牌。

如此成功的秘诀是什么呢？创新！

内容方面，围绕两个中心问题进行：一个是如何处理好"百科全书"中的"全"与少年儿童这个年龄阶段的承受力的关系；另一个是科学性与可读性的统一问题。他们将"百科全书"视为知识的"大海"，以区别于一般少儿读物；同时对知识作了全新的科学的选择，把"大海"浓缩为适量的"水滴"，使少儿读者能从一滴水中领略知识海洋的概貌，以此区别于成人百科全书。

形式方面，根据少儿的阅读心理、认知规律和阅读兴趣，他们以面向少儿的科普知识专题为板块，以大小不同的知识专题板块组成百科全书的架构，使条目的选择在深浅度、趣味性和针对性等方面直接与少儿读者对接起来,再以某一领域的知识为轴心,将全书5 000多个条目有机地串联起来,同时在编写中千方百计地将一个个条目变成炯炯有神的"眼睛",紧紧地吸引住小读者,因此很容易将知识性、通俗性、趣味性、思想性和启发性融为一体,为全书内容的少儿化奠定了基础……

1.1.3　出版选题策划的意义

1)从宏观层面来说,出版选题策划关系着社会文化的发展

出版选题是建立在出版价值选择基础上的文化选择,在出版业起着思想看门人的作用,他们决定让什么进来,又让什么出去。全面地看,出版选题与文化发展也是一种相互作用的关系。出版人在扮演"把关人"角色的同时并非完全"自主"地选择。当这种选择适合某一时代文化发展潮流趋势的时候,出版活动效果往往值得期待;相反,如果出版人的选择没有反映时代需求,则出版选题很有可能以失败而告终。

2)从中观层面来说,出版选题策划关系到出版企业的特色、效益等

好的选题和高质量的策划不仅能够降低出版风险,而且有可能给企业带来丰厚的经济效益,还能够帮助企业树立形象,建立品牌。质量不高的选题则不能给企业带来可观的效益,且有可能给企业的特色、声誉、品位减分,长此以往企业必然面临退出市场的危险。

3)从微观层面来看,出版选题策划是最重要的编辑工作

如前所述,编辑工作已经不再仅仅是案头工作,成功的编辑都有经营头脑,更具有高质量选题策划、全方位控制流程的专业技能和职业素养。从编辑的职业发展来讲,积极主动地进行出版选题创意、策划与开发是其职业生涯中更高层次的必然要求和具体表现。

1.1.4　出版选题策划内容

正如上文所说,出版选题策划是系统性的整体策划或者全程策划,渗透于出版活动各个环节。归纳起来,包括如下几个环节:

1)信息采集

信息采集是指为出版的生产在信息资源方面做准备的工作,包括对信息的收

集和处理。它是选题策划的直接基础和重要依据。信息采集工作最后一个步骤的延伸,成为选题策划的开端。

2）选题创意

在信息采集的基础上,选题策划人员产生选题创意,并形成选题构思及选题策划方案。此环节是后期选题论证与运作的基础,可以说是选题策划工作的核心环节。

3）选题论证

根据出版工作的要求,对选题策划方案进行选择与优化。在对选题价值判断和选题策划方案的可行性论证的基础上,对出版选题内容进行优化处理,以确保出版选题策划方案的成功运作。

4）选题设计

出版选题策划是全程策划,选题设计是选题实施的重要内容。在对目标市场充分调研分析的基础上,对选题内容进行精心组织和设计,以保证出版产品质量可靠,适销对路。

5）选题推广

出版产品的文化传播力、影响力及可能带来的经济效益都来源于出版产品的有效流通,因此,出版选题策划的最后一个重要环节就是选题推广。基于对选题内容的透彻分析和市场状况的准确把握,制订科学、可行,且具有针对性的推广方案,使得出版选题成品有效流通,实现出版目的。

本书后面几章内容都将围绕这几个环节展开,并辅以相应实践安排,以期达到理论有效指导实践的目的。

【本节要点】

1.出版选题策划的含义。

2.做好出版选题策划应注意的问题。

3.出版选题策划的意义。

4.出版选题策划的内容。

【思考实践】

1.选取一个社会热点,观察3种不同媒体的报道角度与形式,比较各选题策划的优劣。

	内容选取	报道角度	表现形式
媒体1			
媒体2			
媒体3			

2.各种新闻选题策划与图书选题策划有哪些异同点?

	新闻选题策划	图书选题策划
相同点		
不同点		

任务2　出版选题策划要素

【思考】

世界各地的出版人,都有一个共通点。他们全都对担任编辑这项工作怀抱有一份执着和热忱。和作家共事,以意念合作,是很刺激的事,也很艰苦,需要卖力工作。我希望我的书能让读者知道,编辑必须具备哪些条件才有望成功。而其中最重要的是,我们必须拥有一股极大的欲望、意志——透过文字的力量——传播理念、知识、资讯和欢乐。

——吉尔·戴维思(英国出版人协会学院与专业出版议会主席,英国伦敦自由联想出版公司总经理)

请思考上面这段话,说说你对编辑职业素养的认识;结合出版工作实际,试比较文案编辑和策划编辑的能力要求及工作异同:

	文案编辑	策划编辑
相同点		
不同点		

出版选题策划活动要素包括:出版选题策划主体,即选题策划人;出版选题策划目标;出版选题策划对象;出版选题策划方案。

1.2.1 出版策划人

随着国家文化产业改革的不断深入,国内图书出版机构失去原有计划体制保护,进入市场参与竞争,危机感增强,都在为培育新的经济增长点而努力。以前是市场跟着出版社走,出版社出什么,读者看什么;现在是出版社跟着市场走,市场需要什么,出版社做什么。正是在这样的背景下,出版策划作为一个专门性的职业受到前所未有的重视。无论是出版社内部的策划编辑,还是雨后春笋般成长起来的"文化工作室",都已经蔚为壮观,成为我国出版产业快速发展的重要推手。与此同时,这一极具挑战性和创造性的职业也吸引着越来越多的有志之士。那么,出版策划人员需要哪些素质呢? 业内人士总结如下:

1)真诚地热爱编辑职业

中外出版史上的许多著名出版家认为编辑出版工作是世界上最好的职业,从业人员的快乐在于,能够与很多才华横溢的作者交流,并以自己的专业能力和素养使得书稿从粗糙到精致,从可能默默无闻到被广泛接受。当然享受这种乐趣的前提是,必须付出极大的热情和努力——每一部书稿都需要编辑精心策划、组织、加工、打磨。

2)专业的发现能力

出版产业是内容产业、文化产业,而文化是需要发现的。美国著名编辑人舒斯特认为:"真正有创造力的编辑人必须成为了解专家的专家。"在工作中,编辑要培养自己发现专家的能力。熟悉某一领域,获取与业内专家对话的资本的同时,以敏锐的发现能力捕捉业内信息,进而开发高质量产品。对于策划编辑而言,专业的发现能力尤为重要。

3）信息采集与文化整合能力

出版工作的根本目的在于传播优秀文化,有效的传播是双向互动的。因此,出版工作首先要求了解市场,然后根据市场需求开发并推广产品。较强的信息采集与处理能力是完成这项工作的重要保证。另一方面,文化的发展是一个不断演进、不断变迁的过程,每一时代都有与之相适应的文化表现形式。出版选题策划人员应通过文化的整合,使不同时期、不同形态的知识呈现出新的风貌,以适应时代发展、顺应文化潮流。

4）创新能力

出版产品是内容与形式的完美结合,出版选题策划人员在这两方面都必须有创新意识和创新能力。纵观中外出版领域的成功案例,那些善于在内容和形式方面创新的作品往往会得到广泛认同,且有可能引领出版潮流。例如:国内第一家以图片为主的刊物《老照片》要求"文章须围绕照片撰写",在国内外产生了重要影响。《老照片》的出现被看为进入"读图时代"的标志性事件,它既反映出大众阅读趣味的转变,又以崭新的出版思路拓展出巨大的市场和阅读空间。

5）较强的语言表达能力与交际能力

在整个出版工作流程中,出版选题策划人员既是开拓者又是组织者,必须与所有涉及出版选题策划与实施的人物交流、沟通,并最终达成共识,以推动出版工作的进展。较强的语言表达能力与交际能力显然是不可或缺的。

6）投入产出的核算能力

在市场经济条件下,如果不考虑投入产出,很多选题可能会失败。相反,认真地分析、准确地把握和精确地核算就可能会带来科学的营销方案以及很好的市场反应和可观的经济效益。

【案例】

《读库》张立宪:一个人的出版革命

"一本书本该有的样子",是张立宪创办《读库》的初衷。他以一人之力,独立完成一本书的策划、组稿、编稿、设计、印刷、宣传、发行、销售、客服各环节,在国内出版业中创造了一个持续销售的品牌奇迹。张立宪认为,自己的成功得益于在出版业的摸爬滚打。他所历任的校对、夜班编辑、编辑、副主编、主编、社长等岗位,以及报纸、杂志、电视台、网站、出版社等媒体形态,将他打磨成"全科"人才。他不愿被误解为小作坊式的悲壮和忙碌,相反,他认为《读库》的编辑中心制和垂直管理才是更先进、更科学的制度。他害怕被描绘为励志模范,只要坚持梦想就一定能成功的那种。他说:"我不是一个妄想狂,倾家荡产我还要做,做不了还要做的那种人。《读库》从一开始就把握十足,计算得很清楚之后才做的。"

三年前,就有机构要收购《读库》,也有投资人愿辅导《读库》上市。资本复制、扩张的计划,都被张立宪拒绝了。他说:"我热爱这个行业很重要的原因,在这里金钱和权力所占的权重都是最小的,我觉得占比重更大的是理念、智慧和情感。"在他眼中,每本书都是一个新生命,每本书都是一个小上市公司,面对一个很公平的市场环境。以中国台湾汉声出版公司的《中国童话》为例,这套书至今销售了26年,累计卖出30万套,一套9 000多台币,是台湾出版业引以为傲的作品。张立宪说:"如果你做的东西足够好,本身它的生命力就会很持久,那一本书就可以养老。好书你做一本是一本,自然就是你财富的根基。"

(汪琳,21世纪商业评论)

1.2.2　出版选题策划目标

出版选题策划是编辑人员按照一定的方针和客观条件,开发出版资源、设计选题、落实选题出版及行销方案的创造性活动。这种活动的目标自然与出版的目标是一致的:传播和积累有益于提高民族素质、有益于经济发展和社会进步,弘扬民族优秀文化,促进国际文化交流,丰富和提高人民的精神生活。

作为文化产业的重要组成部分,出版产业的发展追求社会效益和经济效益的统一,出版选题策划目标亦可就此展开。

1) 从文化层面看:传播和积累文化

出版活动伴随着人类的文化传播和文明进步而产生、发展,并将持续发挥其重要作用。纵观古今中外出版发展历史,我们可以看出人类成长的脚步和轨迹。我们享受着古今中外各种灿烂文化成果的时候,总离不开出版工作者的辛勤身影——感谢这些孜孜以求的文化爱好者和传播者,他们和著作者一起铸就了传承文明的文化大厦。有了他们,我们不仅能够享受今天的文明,而且可以获得前进的力量、信念和意志。

2) 从经济层面看:获取出版产业持续发展的动力

一定的经济效益是出版产业持续发展的动力和基础。现在激烈的市场竞争中,出版企业必须注重打造精品、赢得市场、获得大量经济效益,进而扩大生产,完成文化传播和积累的使命。好的出版选题是出版企业打造精品的基础,科学完美的出版选题策划是企业赢得市场、获取社会效益和经济效益的重要保障。目前,出版业正向着产业化、专业化和精品化方向发展,成功的选题策划有利于出版企业打造精品,创造品牌效益,形成规模效应,进而获取持续发展的动力。

【案例】

"中国文库"(见图 1-2)是由中国出版集团公司于 2004 年开始发起并组织实施的一项标志性出版工程,旨在整理总结 20 世纪以来中国优秀的文化成果和出版成果,包括哲学社会科学类、史学类、文学类、艺术类、科技文化类、综合普及类六大类别。计划出版 10 辑约 1 000 种图书。

"纵观 20 世纪的中国,学术成就硕果累累,文化精品蔚为大观。对刚刚过去的 20 世纪文化成果进行总结回顾,并为新世纪中国读书界提供一套比较完备的 20 世纪书目集成,是学术界、出版界的责任和义务,'中国文库'的出版是出版界一项跨世纪的出版工程。"

图 1-2 "中国文库"丛书

"中国文库"主要收选 20 世纪以来我国出版的哲学、社会科学、文学艺术、科学文化以及知识普及等方面的优秀著作和译著。这些著作和译著,对我国百余年来的经济、政治、文化和社会的发展产生过积极的影响,至今仍具有重要的认识价值,是中国读者必读必备的经典性、工具性名著。大凡名著,均是每一时代震撼智慧的学论、启迪民智的典籍、打动心灵的作品,是时代和民族文化的瑰宝,都应功在当代,利及千秋,传之久远。

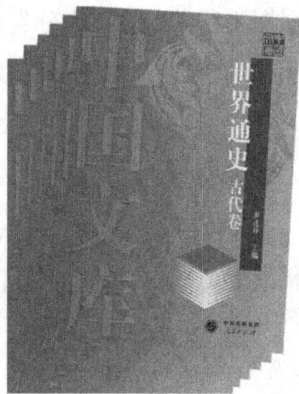

1.2.3　出版选题策划对象

出版选题策划对象即出版策划活动的客体,也是出版选题策划目标所指的对象,是策划目标的具体表现和最终体现。基于出版业的基本划分,我们通常将出版分为大众出版、教育出版和专业出版,三个领域分别对应大众图书、教育图书和专业图书,出版选题策划对象也可依此分类。

1) 大众图书

此类图书与大众的日常生活、休闲阅读以及文化体验密切相关。大众图书也称一般图书,通常以人们的生活娱乐和兴趣来分类,常见的类别有小说、传记、少儿、艺术、旅游、保健、文化、科普、理财、自助、励志等。大众出版领域广阔,种类繁多,是最活跃、最多元、最热闹的出版领域。

2)教育图书

教育图书因为与学习、教育及培训的天然联系而备受关注。教育图书通常以知识深浅程度和门类为分类标准,主要分为基础教育出版和高等教育出版两大门类。教育出版因需求稳定、利润丰厚而极具诱惑力,同时也是标准化、模式化要求最高的出版领域。

3)专业图书

专业图书是与职业和行业有关的出版产品。一方面因其内容的专业性,人才的稀缺性,专业出版的门槛相对较高;另一方面,因市场具体而稳定,所以盈利和风险相对较小。在国际出版界,专业出版以职业和行业为分类标准,通常包括四大类:财经、法律、科技与医学。

1.2.4 出版选题策划方案

出版选题策划方案即选题策划报告,是策划人员进行选题创意与策划活动的成果和表现形式,一般包括书名、图书基本情况、作者基本情况和效益预测等几个方面。

1)书名

书名即书的名字,是图书出版时呈现给读者的名称。完整的书名,除正书名外,还包括副书名。在激烈的市场竞争中,书名构成了独特的营销要素,很多出版人常常在图书书名上狠下功夫,以吸引读者注意。

2)图书基本情况

这部分详细阐述目标市场基本情况。基于充分的市场调研与分析,说明选题策划缘起、编辑意图、内容简介、特色说明、读者定位、编排体例等。这部分是出版选题策划方案的重中之重,每一项内容都关乎方案的科学性、可行性,必须谨慎表述。

3)作者基本情况

选题开发者设计、构思某一选题的过程,也是选择和确定作者以及对作者提出写作要求的过程,这一部分同样关乎选题策划方案的科学性和可行性。对于选题开发者来说,好的创意必须要求合适的作者来实现,否则,无论多么好的创意构思,都只能是空中楼阁。有些选题构思本身就离不开作者的努力,即使有些选题暂时没有确定合适的作者,也要有写作方面的具体要求。

4)宣传营销及效益预测

宣传营销是选题实施的后续环节,同时也是选题真正成功的基本保障,因此,在制订出版选题策划方案时,必须充分考虑这一部分。在现代市场经济条件下,开发选题不仅仅强调传播和积累文化知识,更要求扩大销量,获得真实的经济效益,才能保证产业可持续发展。科学的、严谨的效益预测还可以确保出版选题策划方案更好地实施。

【案例】

《影响历史的100个安徽第一》选题报告

申报人:刘姗姗(安徽文艺出版社)

一、选题提出的背景和思路

安徽省位于中国东南部,是中国东部临江近海的内陆省份,境内山河秀丽、物产丰富、稻香鱼肥、江河密布。五大淡水湖中的巢湖横卧江淮中部,素为长江下游、淮河两岸的"鱼米之乡"。

从中国历史和文化角度来看,总结和梳理安徽文化在中国历史中的重要贡献和成就,意义深远,有利于增强本土文化的自豪感和自信心,弘扬创新精神。

二、选题总体框架、主要内容和特色

《影响中国历史的100个安徽第一》总体上按照时间先后顺序排列,描述安徽的人物、事件、名胜、发明等各个方面在中国历史的长河中发挥的领头示范作用。每篇文章1 500字左右,共100篇,配图50幅。

主要内容就是立足安徽,宣传安徽,扩大安徽的社会影响力。

特色是言简意赅,图文并茂,以描述性语言风格为主,反映安徽的历史和现状,增强安徽本土文化的自豪感和自信心。

三、图书的规模、叙述方式、印数、定价及成本预测

本书拟以单行本试行,在单行本中,涵盖影响中国历史的人物、发明、名胜、事件等各个门类,以"100个安徽第一"的时间顺序为纲,以图文并茂的形式为体,以描述性的语言为基,形象准确地表现安徽文化在中国历史中的重要贡献。

初版印数为10 000册,双色彩印,估价为35元/册。预测销售3 500册可实现盈利。

四、目标读者群及潜在受众

本书旨在宣传安徽文化,弘扬创新精神,目标定位为既适合旅游景点、酒店和文化赠书等活动,亦可作为爱国主义教育丛书为中小学生课外阅读读本。

五、作者简介和优势

叶××,2004 年 12 月任安徽省委副秘书长,后任安徽省委副秘书长、宣传部常务副部长。现任安徽省委宣传部常务副部长,第十届人民代表大会代表。

徐××,安徽大学历史系教授、副主任,博导,硕导。先后出版专著或合著《钱穆史学思想研究》《一代儒宗——钱穆传》等。

高×,安徽农业大学人文社科学院副教授,现任安徽省中共党史学会常务理事、副秘书长,安徽省陈独秀研究会常务理事。出版著作《中华人民共和国外交及其政策》《中华历史名人丛书·十大政治家》等。

优势:选题由安徽省委宣传部最终敲定,有一定的权威性;由安徽大学、安徽农业大学等高校学者编著此书,准确性高,可靠性强,具有非凡的学术号召力。

六、销售渠道、营销推广计划及出书最佳时间

此书的营销推广既可以是新华书店、民营书店,也可作为图书馆馆配图书,营销范围和时间较广。

此书适合旅游景点、酒店和文化赠书活动,亦可作为爱国主义教育丛书为中小学学生提供课外阅读读书。因此销售渠道可以瞄准机关、企事业单位和学校团体购买。

出书最佳时间是 2012 年 10 月。

【本节要点】

1.出版选题策划主体;

2.出版选题策划目标;

3.出版选题策划对象;

4.出版选题策划方案。

【思考实践】

1.关注出版领域,查找 1～3 位著名出版策划人的专业领域、产品特色与风格以及综合效益。

	代表作	专业领域	风格特色	综合效益
策划人1				
策划人2				
策划人3				

2.选取一本图书,试根据已有信息撰写出版选题策划方案或填写选题申报表,见表1-1。

表1-1 某出版社选题申报表

选题名称				
类别		拟出版时间		
责任编辑			所在部门	
图书基本情况	市场调研情况及分析	选题缘起;调研经过;读者需求分析;同类书市场分析,该选题的优劣所在。同类书信息须包含以下诸项:书名、出版社、出版时间、版次、印张、印数、定价、装帧形式、读者对象及销售情况等。		
	内容简介			
	特色分析			
	读者定位			
	编排体例	规模	册 万字	开本	印张

续表

编著译者基本情况	著(译)者		署名	
	职　称		职业	
	通信地址			
	电　话		E-mail	
	发表作品情况：			
	姓　名		署名	
	职　称		职业	
	通信地址			
	电　话		E-mail	
	学术成果及地位：			
	其他合作者姓名、单位、主要成果：			
	关于该书效益情况需要说明的事项：			

任务 3 出版选题策划机制

【思考】

根据当时市场的情况、企业管理的情况,还有接力的热情,接力出版社北京中心开创性地提出了三级两次的选题论证机制、项目主管制、选题竞标制、生产流程制和全新的奖励制约机制,这五个机制对当年北京中心的快速启动、快速发展起了很大作用。

——白冰(接力出版社总编辑)

阅读上面这段话,请思考出版机构的运营机制对出版选题策划及出版行业发展的影响。

1.3.1 出版选题策划机制

机制是指一定机体或组织内各构成要素之间的相互联系、相互作用的制约关系及其功能。出版选题策划机制就是指选题策划组织内各构成要素之间的相互联系、相互作用的制约关系及其功能,其外在表现为选题策划组织部门的设置、各策划部门之间以及策划部门与其他部门之间的关系,其内在功能就是选题策划流程的设计。从出版工作实际来看,良好的出版选题策划机制是保证出版选题策划活动乃至整个出版活动能够规范运行的重要保障。

现代组织成功运营的核心要素是人力资源,有了优秀的人才和良好的用人机制才能在激烈的市场竞争中立足并发展。当年,接力出版社社长李元君因特殊政策引进原作家出版社副社长白冰,成立接力出版社北京出版中心。以白冰为核心的北京出版中心创造性地进行战略定位、机制创新、选题策划,仅用一年时间就使接力出版社在一般市场图书的平台上有了大飞跃。他们策划的图书在市场上表现突出,发货码洋、回款率也大幅提升,极为有力地扩大了接力出版社的品牌影响。良好的用人机制为出版社引进、培养人才,开发出版资源,保证出版工作规范、高效运作奠定了基础。同时,有效的人才政策与机制,也是构成出版社良好组织文化的最重要元素之一,它从根本上保证了出版社实施品牌策略的成功。

1.3.2　出版选题策划的组织形式

市场竞争的加剧为出版机构中市场意识强、策划能力强的编辑人员提供了广阔的舞台。在出版工作实践中,不同的出版机构采取不同的出版选题策划机制,建立相应的组织结构并发挥其职能,以调动策划编辑及相关人员的积极性、主动性,通过具有创新性的选题策划打造精品,树立品牌。现在,分析几种典型的组织形式。

1)策划编辑

20 世纪 90 年代初,我国出现一种新的编辑生产模式,即策划编辑制,其本质就是以选题的研发为核心的出版全程策划。在这种机制作用下,编辑职能由被动转向主动,编辑根据出版市场的需求和文化建设的要求策划既有出版价值又适销对路的精品选题,他们的工作范围也延伸至选题策划、制作策划、宣传策划和营销策划等全过程。基于以上工作性质和要求,策划编辑必须具有较强的市场意识和策划能力。在实际运行中,我国传统的以专业方向划分的编辑室内发生改变:那些善于进行信息采集、选题创意和组织实施的编辑人员在新的运行机制作用下,主要精力都放在选题研发方面,另外一部分编辑人员则偏向具体稿件的审读、加工等工作。

2)策划室

为了提高出版选题质量和出版效率,有些出版机构尝试成立独立于传统编辑室之外的策划编辑室,性质相近的还有策划部、策划中心、策划组等。这种组织形式克服了传统编辑室结构权利平均、选题分散、不易出重大项目的缺点,具有管理正规、层级职权明确等优点,但也存在着与其他编辑室及相关职能部门的相互协调和相互制约的关系。

3)项目组

将重大选题或者重点选题作为经营项目进行立项,在出版机构内成立项目组。以策划编辑为核心,配备一定数量的文字编辑及相关人员建立临时项目组,项目结束后,项目组自动解散。这种组织结构打破原有出版机构组织架构,进行优势资源重组,机制灵活,实施得当的话能够高效完成出版任务。但是,这种组织结构不纳入正常管理程序,实施不当时,会有权力失控的危险。

4）事业部

按照选题类型将出版实体划分为若干个相对独立的事业部,使之成为出版机构的二级中心,实行独立核算,半独立经营。这种组织的优点在于,最高决策人可以专心致力于出版机构的选题总体思路和整体发展规划的谋划与运筹。每一个事业部都按选题类型划分为不同的经营实体,选题策划与生产运作的专业化程度较高,有利于形成规模效益和品牌效应。但是,很显然,这种组织结构可能会出现事业部各自为政的局面,不易统一管理决策。

显然,不同的组织形式各有优缺点,出版机构在设计相应选题组织形式的时候应充分考虑自身情况。同时,这些组织职能的发挥也需要相应配套政策的跟进,如奖励制约机制等。

【本节要点】

1.出版选题策划机制;

2.出版选题组织形式。

【思考实践】

观察分析不同出版机构的出版选题策划机制及其效果。

项　　目	组织形式	组织职能	配套机制	效益评估
策划机构1				
策划机构2				
策划机构3				

【延伸阅读】

集团选题创新的机制建设

目前集团化选题管理的方式方法正处在探索阶段。为此,我主要想谈两个方面的思考:一是观念问题,二是操作问题。

先说观念问题。有人可能要说,随着出版改革的深入,集团化、企业化、市场化的一步步递进,这个问题不是已经解决得很好了吗?其实不然。我国目前的出版集团化的过程,并不是一个市场调控的结果,而大多是政府宏观调控的结果。这并不是说宏观调控就肯定错了,而是说如果我们操作不力,就容易产生许多副作用。比如,一、产生严重的"跟风"现象;二、建立脱离市场规律的、类似于政府的管理机制;三、行政化的倾向,使出版行业日渐丧失了职业化精神的追求;四、极端商业化思潮的出现,淡化了经营者对于图书文化属性的判断;五、在市场环境的诱惑下,管理者在基础建设、形象工程、多元化经营等方面表现出过度的热情,从而导致了对于出版主业的冷落;六、通过与一般企业管理的极端化类比,引起出版物主体媚俗化、低俗化现象的凸现;等等。除此之外,还有一个更大的问题,那就是许多地区以教材教辅为基础的出版改革,表现出极为夸张的"伪繁荣性"和市场化过程中的危险性。

当然,我上面所谈到的问题并非已经出现,只是一个提示。我是说,只要出现了上述问题的部门,就会面临以下两个观念的冲突,而这两个冲突的结果,恰恰会极大地影响集团化旗帜下的选题建设的思路。

一是"文化与经济"的冲突,正方说"文化是目的,经济是手段"。反方的特点是不承认出版行业的特殊性,轻视文化产品的商业化的个性。问题之二是"跨越式发展与渐进式发展的冲突。"目前,许多地方已经事实性地选择了前者,结果自然会造成大面积的"经济冲动",让我们的编辑工作无所适从。我赞成出版"渐进式发展"的观点,"跨越式发展"的副作用就是浮夸与急功近利。

第二个问题,也就是在集团化的旗帜下,选题建设的操作问题。集团怎么管选题?怎样实现整个集团的选题创新与品牌化?这是一个新问题,也是一个很现实的问题。不同模式的集团具有不同的理解。在这里,我结合近些年的实践,谈一谈自己的一点认识。

首先,集团化选题管理的关键是"强化管理,放开经营"。先说管什么,管政策,管数据。所谓数据,我提倡建立一种动态的出版社月报制度,其中涉及的重要数据包括出书、发货、入库、出库、库存、回款、周期、抽样、前几名、后几名等。我们应该看到,母公司与子公司,既是结合体,也是一对矛盾体,而矛盾的焦点都是围绕着选题展开的。正像当年老商务要求他全国的分店每天晚上都要发电报给总店,汇报动态数据一样,这是活数据,是集团管理的依据。再说放什么,就是责、权、利。这里有三个要点:一是要保证子公司商业结构的完整性;二是不要破坏他们的生产秩序;三是处理好指导与指令的关系。总之我认为,"管"应该强调数字化精神,"放"应该强调服务精神。

其次,一个成熟的集团化的出版产业,应该建立"选题研究所"。它的目的:一是集合专家,使专家对选题的介入制度化;二是宏观判断;三是个案分析;四是集团标志性产品的组织和操作;五是建立两个数据库,即人的(编辑队伍)和书的(重点项目)数据库;等等。另外,它应该建立研究员制度,与业内外名流以及名牌大学的相关专业建立某种有机的联系;它的核心工作是建立集团的选题思想库,新产品的科研机构,对集团的选题建设具有建议、参谋、立项、指导、引导、论证、支持、互动等作用。所以我觉得,这个中心的建设宗旨应该偏重于研究和探索,对它的考核不能急功近利。例如,我在辽宁出版集团就建议建立了"选题战略研究中心",它分析过的个案包括全国民营书业的分类和实力排行,集团下属出版社的经济状况分析,与贝塔斯曼合资的可行性研究,《中国读本》走出去的操作方案,等等。

最后,集团化选题创新的工作重点,应该放在如下几点上:第一是集团选题的板块建设,这项工作的基础是原有的资源积累和人才结构,以及集团品牌创新的战略目标。第二是将确定的重点图书板块与上述研究所建制有机地结合起来,建立一个个出版基地。我就曾经建议为辽宁集团建立以《日汉辞典》为标志的工具书基地,以几米为标志的动漫基地,以《中国读本》为标志的与中央各大部委的合作基地,以辽海、辽教为标志的教材教辅基地,等等。第三是标志性产品的建设,它应该由两个部分组成,一部分是下属出版社的优秀项目,另一部分是集团亲自组织的、有针对性的、有指导意义的重要选题项目,像"中国文库""世纪人文丛书"等。对于集团操作的项目,这里面很有学问,它不是越俎代庖,而是为集团建立更加鲜明的企业品牌的一条路径。恰当的操作还能够为集团找到新的增长点,催生出新的品牌、新的产业。根据实践经验,我觉得这种方式也适合于出版社,比如我在辽宁教育出版社工作时,就亲自编书,当一个项目趋于成熟之后,我就会成立相应的编辑部、工作室或公司,像探索工作室、吉尼斯公司、贝塔斯曼公司、国家地理编辑室、电子书公司、万有文库编辑室、万象书坊、几米工作室等,都是这样产生的。

(辽宁出版集团副总经理　俞晓群　《中国图书商报》2006-09)

出版选题策划方法

学习目标

知识目标

1. 了解方法与方法论的含义；
2. 熟悉出版选题策划方法的含义、种类及作用；
3. 掌握选题策划的思维方法；
4. 掌握选题策划的工作方法。

能力目标

1. 能使用选题策划思维方法分析出版信息；
2. 能使用选题策划工作方法提出选题。

任务 1 选题策划方法的含义、种类及作用

假如你想泡壶茶喝,现在的情况是:开水没有,开水壶要洗,茶壶茶杯要洗,火已生了,茶叶也有了。你会采取哪种方法?

办法甲:洗好开水壶,灌上凉水,放在火上;在等待水开的时候,洗茶壶、洗茶杯、拿茶叶;等水开了,泡茶喝。

办法乙:先做好一些准备工作,洗开水壶,洗茶壶茶杯,拿茶叶;一切就绪,灌水烧水;坐待水开了,泡茶喝。

办法丙:洗净开水壶,灌上凉水,放在火上;坐待水开,开了之后急急忙忙找茶叶;洗壶杯,泡茶喝。

通过日常生活中一个泡茶的小例子,你觉得方法是否重要? 在选题策划中是否也有方法呢? 这些方法对于我们做好选题策划工作有哪些作用呢?

2.1.1 方法与方法论

1) 方法

方法的含义较广泛,一般是指为获得某种东西或达到某种目的而采取的手段与行为方式。它在哲学及社会生活中有着不同的解释与定义。大多数科学学问都有它们各自的特定方法,选题策划也不例外。

2) 方法论

以方法为对象的专门学问称为方法论 (又称为方法学)。它是指一门学问采用的方法、规则与公理;一种特定的做法或一整套做法;或在某种知识的领域上,对探索知识的原则或做法而作的分析。简言之,方法论就是人们认识世界、改造世界的一般方法,是人们用什么样的方式、方法来观察事物和处理问题。如果说世界观主要解决世界"是什么"的问题,那么方法论主要解决"怎么办"的问题。

方法论有古方法论、近方法论、现方法论、马克思论等若干分类,尤其是马克思论中的唯物辩证法。

唯物辩证法是马克思和恩格斯在唯物主义基础上改造黑格尔唯心主义辩证法所创立的唯一科学的方法论。它是在概括总结各门具体科学积极成果的基础上，根据自然、社会、思维的最一般的规律引出的最具普遍意义的方法论。唯物辩证法是对客观规律的正确反映。它要求人们在认识和实践活动中一切从实际出发，实事求是，自觉地运用客观世界发展的辩证规律，严格地按客观规律办事。

唯物辩证法认为：

世界上的一切现象都处于普遍联系和永恒运动之中，事物普遍联系的最本质的形式和运动发展的最深刻的原因是矛盾着的对立方面的统一。因此，孤立地、静止地看问题的形而上学思维方法是错误的，而矛盾分析法是最重要的认识方法。

实践是主观和客观对立统一的基础，脱离实践必然会导致主客观的背离，产生主观主义，所以必须坚持实践以保持主观和客观的一致性。在认识过程中，要用实践检验人们的认识，要善于正确地运用多种多样的科学实验和典型试验的方法。

整个客观物质世界以及其中的每一个事物、现象都是多样性的统一。各自都有自身的结构，包含有不同的层次、要素，组成一个个系统；各个事物、现象、系统都有自身的个性；同时，它们之间又有着某种共性，共性存在于个性之中。多样性与统一性、共性与个性都是对立的统一。由此产生了认识中的归纳法和演绎法、分析法和综合法、由感性具体到思维抽象和由思维抽象到思维具体的方法等。

2.1.2 选题策划方法的含义、种类及作用

1）选题策划方法的含义

从方法论的角度看，选题策划方法是基于对编辑出版工作本质和规律的能动认识而产生的思维方法和工作方法，是源于编辑实践活动并在此基础上对编辑出版工作规律的概括和对编辑实践经验的提炼。更具体地讲，就是编辑主体在遵循编辑出版工作的客观规律的前提下，为实现编辑出版目的而采取的一种优化编辑出版工作的手段，是编辑宗旨、编辑思想的具体表现。

2）选题策划方法的种类及作用

选题策划的方法有很多，为了更清楚地认识这些方法并将它们有效地运用到编辑实践活动中，我们将它划为两个层面：思维方法层面和工作方法层面。

思维方法是人们通过思维活动为了实现特定思维目的所凭借的途径、手段或办法，也就是思维过程中所运用的工具和手段。选题策划的思维方法就是编辑如何看待、分析与策划选题相关的一切信息。

工作方法是指人们在实践的过程中为达到一定目的和效果所采取的技巧和手段。选题策划的工作方法是编辑群体在长期策划选题过程中产生的经验总结,是编辑群体的智慧结晶。

熟练地掌握和运用选题策划方法,可以使我们科学地认识读者、市场、作者等要素,科学地分析各个要素之间的相互关系,准确地得出选题策划中的规律,准确地预判选题的市场前景,从而形成完整的选题策划方案;可以使选题策划工作更加轻松,事半功倍。

【本节要点】

1. 方法和方法论的含义;

2. 选题策划方法的含义、种类及作用。

【思考实践】

近日,亚马逊(中国)发布其2013年度图书排行榜,位列前10名的依次为:《看见》《谁的青春不迷茫》《自控力》《我所理解的生活》《谢谢你离开我》《最好的时光在路上:中国国家地理》《不畏将来 不念过去》《百年孤独》《肖秀荣2014考研政治命题人1000题(2014版)》以及《正能量》。

请使用计算机网络查看图书相关信息,并使用唯物辩证法分析其畅销原因。

任务2　选题策划的思维方法

选题策划的思维方法可归纳为一般思维方法和特殊思维方法。一般思维方法指的是编辑认识事物时使用的基本的、与其他职业共同的思维方法;特殊思维方法指的是编辑在策划选题时使用的独有的思维方法。

2.2.1　一般思维方法

在编辑策划中,需运用的一般思维方法主要有:

1)分析综合法

分析和综合是思维的基本过程,是其他一切思维过程的基础。在编辑策划中,编辑主体首先要对编辑系统做整体分析(最初的综合),然后对系统中的各个要素以及所获得的各种信息作认真分析,在此基础上再对各要素之间以及要素与系统整体之间的关系作出分析和综合。这样一个"最初的综合—分析—再次的综合"的过程,是编辑策划的思维基础,是其各个工作环节中都必须运用的基本思维方法。

2)抽象概括法

在编辑策划中,会涉及许多问题和因素,其中既有本质性的,也有非本质性的。这就要求编辑主体要保持清醒的头脑,充分运用抽象概括的思维方法,能看到事物的本质,抓住问题的主要矛盾和矛盾的主要方面,而不被那些非本质、次要的矛盾所干扰和迷惑。同时,还应对那些本质性问题进行认真深入的研究,以求找到恰当而有效的解决途径。

3)比较法

在编辑策划中,应将比较法运用到编辑系统中的各项内容、各个环节和各个层次之间,更应运用到与销售市场和竞争对手的比较之中。"有比较才有鉴别",在当今强手如林的出版市场竞争中,要取得胜利,就必须知己知彼,就必须在充分调查了解各种信息的基础上,认真比较自己与竞争对手的情况,从而明确自己的优势和劣势,并扬长避短,以求产生有特色、竞争力强的创意。根据读者对书籍的不同需求,对选题进行功能定位。比如:如果"求普及",可考虑指南、入门、速成、初级教程等;若"求提高",可考虑论、学、研究、进展、高级教程等;如果"求精",可考虑精编、精粹、荟萃、集锦、举要等;若"求全",可考虑全集、全书、大全、大观、大典、集成等。但是不能搞成"四不像"的书:该高不高,该低不低,该精不精,该全不全。

4)系统法

编辑策划的过程实质上是一个系统化的过程。因为在这个系统中存在着许多错综复杂的因素,所以必须运用系统化的方法,使它们依据一定原则、按照一定的程序进行排列,这样才能使这一系统形成优化的结构,成为有序有机的整体,从而才能为产生好的策划创造有利条件。

5)创新法

这是一种具有开创性的思维活动,创造出新的图书品种,或者改变图书的形式等,最终赋予图书全新的使用功能。在策划过程中,不受条条框框的束缚,思路灵活而通畅,让获得的信息、经验、灵感在头脑中自由地撞击和组合,从而产生新的创意,策划出崭新的选题。

2.2.2　特殊思维方法

在编辑策划中,需运用的特殊思维方法主要有:

1)直觉法

在编辑策划中常常用到直觉法,表现为编辑主体没有经过仔细思考,而仅凭直觉,认为某个选题正是自己应该选择的,而且有成功的可能,即对自己的直觉结果有一种坚信感。从表面上看,这种直觉的产生好像是主观臆断而且未经过思维的"间接"活动,但实际上,这是编辑主体长期从事有关策划工作的知识经验积淀、信息资料积累并长期深入思索的结果。此外,在运用直觉法时,并不排除逻辑分析思维的运用。事实上,逻辑分析是直觉的前提和基础,直觉思维是逻辑思维的凝结或简缩,而且由直觉产生的策划思想,必须经过逻辑分析的验证,才能对其正确性、科学性和可行性作出正确判断。

2)灵感法

在编辑策划中,灵感法则是另一种常用的思维方法。当编辑主体进行策划时,其策划思想往往不是一开始就有的,常常是经过漫长、艰难的探索后,在某个时刻通过灵感而获得的。要获得灵感,就必须:①努力掌握各种知识,积累各种经验,要勤于思考,并具有锲而不舍、知难而上的毅力;②广泛收集信息,善于抓住机遇,能果断作出抉择;③要及时记录稍纵即逝的思想火花。此外,同直觉一样,对由灵感产生的策划,也必须进行科学的分析和验证。

3)联想法

联想法即找出事物与事物之间的内在联系和发展线索,在这个基础上进行新的创造。比如"横向联想",由《实用内科学》想到《中华内科学》等;"纵向联想",由《中国古代医学史》想到《现代医学史》《当代医学史》等。在编辑策划中运用联想法,可增加策划者思维的灵活性和广阔性,常常能为策划思想的产生提供思路或打开突破口。然而,联想思维能力并不是人与生俱来的天赋,必须经过后天的长期训练和培养。因此,在策划人员的培养中,必须有意识地进行联想能力的训练,以促进他们掌握有效的策划方法。

4)求异法

求异法是指以追求特色和与众不同为主要目标的策划方法,是求异思维在编辑策划中的具体表现。要策划出具有特色的文化产品,要求策划人员要善于独辟蹊径,掌握求异思维的方法;同时,还要对竞争对手以及其他相关因素进行认真调查、分析和研究,从而找准自己的位置和优势,凸显自己的特点,最终树立自己独特的形象。一般来说,人们往往习惯于"正向思维"。比如,在思考临床医学著作选题时,常常想到"治疗临床成功的经验",这类书籍出了很多,当然这是应该的;但是,如果利用"反向思维"的方法,就可想到"临床失误的教训",这类内容的书医生也需要。近年来,人民卫生出版社的编辑策划出版了"临床误诊误治教训"的书籍,深受广大医务人员尤其是基层医生的欢迎。可见,"正面经验"和"反面教训"都有用。

【案例】

传说,从前有位老太太,她有两个儿子。大儿子卖伞,小儿子晒盐。为了这两个儿子,老太太差不多天天忧心忡忡。每逢晴天,老太太念叨:"这大晴天,伞可不好卖的。"每逢阴雨天,老太太嘀咕:"这阴天下雨的,盐可咋晒?"如此忧心忡忡,老太太竟忧郁成疾,两个儿子不知如何是好。幸亏访得一位名医,为老太太开了一个处方:"晴天好晒盐,你为小儿子高兴;雨天好卖伞,你为大儿子高兴。如此转念一想,保你忧郁全消。"老太太依方而行,果真无忧无虑,心宽体健。这个故事说明:对于某件事情,如果从一个角度来看,可能会引起消极情绪;若从另一个角度来看,就可能发现它的积极意义,从而使消极的情绪转化为积极的情绪。这个故事对我们编辑工作的启示是:可以从一个角度,也可以从另一个角度,来思考和策划选题,从而避免思路狭窄、思维片面,捕捉到使读者感到新鲜的选题。

合理地使用这些思维方法,不仅可以使我们正确地认知选题策划的要素,甚至可以准确地预测选题的市场情况。在预测时,要从以下几个方面展开:

图书需求预测,包括图书需求最低点、市场需求潜量的分析和预测。图书需求最低点,就是只凭书店征订单预订,出版社不作任何销售努力,就能够实现的需求量。市场需求潜量,是指读者对该书达到的最大可能的购买量。

图书销售预测,包括图书销售额的预测、图书销售寿命的预测、图书销售效果的预测等。就是说,编辑不仅要对图书的质量负责,而且要对图书的结果负责。

图书成本预测,即以管理费用、编录费用、印制费用、销售费用等为依据,对图书成本进行核算,超过成本的选题暂缓考虑,但对于确有市场前景和发行潜力的选题,应予以通过。

图书盈利预测,即根据该书预测的售数额和成本数额等,预测其盈利数额。

对选题的科学预测,可以使出版社在竞争激烈、变化莫测的图书市场中立于不败之地。

【本节要点】

1. 选题策划中的一般思维方法;

2. 选题策划中的特殊思维方法;

3. 选题市场情况预测的内容。

【思考实践】

截至 2013 年 2 月 21 日,全国图书出版社共报送选题总计 226 114 种。从报送情况看,数量与上年同期相比约增长 2.1%(2012 年选题总计 221 442 种)。

从选题分类来看,以中图分类(五级)为标准,2013 年社会科学类选题 167 691 种,自然科学类选题 46 427 种,综合类选题 6 448 种,哲学类选题 4 440 种,马克思主义、列宁主义、毛泽东思想类选题 1 108 种。

而以中图分类(一级)为标准,2013 年超过万种以上的图书选题类别仍为 7 个,与 2012 年相同,分别是:文化 73 863 种,文学 30 854 种,工业技术 22 388 种,艺术 14 275 种,经济 13 365 种,历史 12 414 种,医药、卫生 10 845 种。其中,文化仍然是规模最大的选题类别,这也是文化建设提速的反映;文学继续保持快速增长势头,与去年相比增幅约 4.5%;艺术,历史,医药、卫生同比略有增长;而经济和工业技术选题则略有下降。这 7 类选题数量总计 178 004 种,约占全年选题计划总数的 78.7%,占比基本与 2012 年持平(2012 年占比为 77.0%)。

2013 年的选题中,马克思主义著作及思想理论研究类选题的增幅最高,约达 32%;文化,农业、林业,航空、宇宙飞行,环境科学和历史 5 类选题的增幅均在 6% 以上;文学,艺术,自然科学总论,医药、卫生 4 类选题的总量略有增长;而其他类的选题总量有所下降。

使用选题策划的思维方法分析上述材料,可以得出哪些信息?

任务3 选题策划的工作方法

2.3.1 选题策划常用的工作方法

在编辑策划选题时使用的工作方法主要有:

1)求新法

求新法是指在编辑策划中以追求从思想到内容再到形式的新发现、新突破为主的策划方法。求新法产生的前提是:第一,要给编辑策划人员创造宽松、自由的环境,给他们充分的自主权,使他们不受过多的条条框框的束缚,以保证他们的策划思路更宽阔、灵活、畅通;第二,要求策划人员要有丰富的知识经验储备,有长期坚持探索、刻苦钻研、敢于创新的精神。

2)重组法

重组法是指对现有要素进行分析整理,并将它们绘制成横、竖、斜若干信息线段图,通过改变线段位置,对要素进行重新组合产生新的策划思想的方法。采用这种方法的步骤如下:①将思考对象分解成若干单独的要素;②把这些要素按一定的类型和顺序排列组合;③把不同的信息线段进行连接,形成信息反应场,从中选取重组后的有用信息,用以策划新内容。需要强调的是,运用重组法时一定要遵循编辑策划的基本原则,并非任意的重组形式都是可行的,都适合于编辑策划。

3)类比法

类比法是指根据两个(类)相关的编辑事物之间某些方面的相似或相同点,从而推出它们在其他方面也可能相似或相同的策划方法。比如,某一电视连续剧推出后收视率很高,由此可类比推测同名的图书也可能会很畅销,从而可触发出一个新的图书选题的产生。

4)先行法

先行法是指当某一事物尚处于萌芽状态时,就能够透过其表面现象,科学洞察和预见其未来发展趋势,并把握有利形势、抢先行动的方法。这种方法表现在编辑策划中,就是能见微知著,抢先策划出有发展前景的文化产品,并及时占领市场。

5)推陈出新法

推陈出新法是指对已出版的文化产品再进行修订、补充、完善或归纳与整理的方法。这种方法是继承和创新的有机结合。它要求策划人员必须认真研究已有产品,分析其中哪些方面应是保留和继承的,哪些方面应是舍弃和剔除的,哪些方面应该修改、补充,还有哪些方面需改进和创新,如何创新才能产生更好的策划效果,取得更好的效益,等等。

6）舍金求玉法

舍金求玉法是指避开当前众家追逐的热点,而去选择那些不被人们注意的"次热点"或"冷点"作为策划的切入点的方法。在众家对策划"热点"一哄而上的情况下,采取"舍金求玉"的策略无疑是明智之举,这实质上也是经营方向上的战略转移。

7）程序法

程序法是指在编辑策划中,可以将决策程序化到呈现重复和例行的状态,可以制订一套处理这些决策的固定程序的方法。在编辑策划的预测和营销策划中经常要用到程序法,它以数学和计算机科学的知识为主要工具,是一种量化的方法。

8）网络法

网络法就是利用国际互联网(因特网)的优势进行编辑策划的方法。因特网具有信息容量大、传播速度快、不受时空限制以及图文并茂、生动活泼的界面实现和浏览者的交互功能等特点。利用这些特点可为编辑策划提供十分便利的条件和重要的手段。

2.3.2 从读者的角度采用的工作方法

1）明确目标读者群的特征

选题的目的就是实现读者的最大化。书是由读者来看的,只有读者喜欢,掏出腰包来购买,才能真正实现图书的市场价值。书大量销售,才能成为畅销书。由此可见,选题应寻找读者的兴奋点,满足读者的不同需求,因人而异,从而激起读者的好奇心与购买欲望。但如果把读者定位于所有人,相当于没有读者。因为每个人的需求和品位都不同,所以进行准确的读者定位就显得尤其重要了。分出读者群,满足不同读者的需求,才能更加适销对路,更好地成为畅销书。目标读者群划分最主要的标准是根据读者年龄区分为老年读者群、中年读者群、青年读者群、少幼读者群。值得注意的是,随着我国社会发展,独生子女家庭增多,幼儿家庭教育越来越受到全社会的重视,少儿图书销售、需求数量都大量增长,成为畅销书市场一个新的增长点,也成为越来越多出版社竞相争夺的市场。

在少儿出版领域,儿童本位是一切少儿畅销书的共同特点;反过来讲,当一本书真正从儿童的角度出发,真正符合儿童的心理特征、年龄特征、思维特征才更有

可能成为畅销书。纵观当今的少儿畅销书,无疑都抓住了少儿的以下特征:

①创新性。少年儿童对现实生活和自然界都充满想象,他们喜欢新奇的事物,喜欢用想象去解答内心的疑问。因此,那些更具神秘和幻想的图书更能激发他们的阅读兴趣,由人民文学出版社出版的引进版权的《哈利·波特》就是个成功的例子。这本书凭借其内容独有的想象性、新奇性、故事性吸引了广大的少儿读者。

②想象性。少儿畅销书的选题策划必须围绕孩子的心理特点和阅读需求而展开。少年儿童对整个社会和自然界有着太多的不解和疑惑,他们常常按照自己的幻想去理解那些未知。这样,在少儿畅销书的选题策划中,那些童话、科幻、神话等题材的图书则满足了孩子的好奇心,激发了他们的阅读兴趣,在带给孩子知识和各种信息的同时,也为孩子留有足够的想象空间,让他们的想象自由驰骋,从而激发他们的创造性。

③趣味性。每个少年儿童都有一颗活泼的心,他们喜欢嬉戏玩耍。在读书方面,他们不喜欢枯燥乏味的读物,不喜欢一味地说教。这就要求在图书的选题策划等制作过程中一定要努力做到图书的内容丰富多彩,装帧形式新奇精美,色彩绚丽,而图书的语言表现形式应幽默活泼。

④时代性。同一年龄的孩子,处在不同时代,他们的认知和审美水平是不同的。从图书角度来讲,编辑用几年前的水平做出的少儿图书已经无法满足当代少儿读者的阅读要求。这就要求出版社在选题策划一本少儿畅销书时,一定要考虑时代因素,保证该选题与少儿读者所处的时代相联系。

总之,一本成功的少儿畅销书一定是从孩子的角度去观察、感知、描写和认识世界。选题策划必须以儿童的精神需要和特征为出发点,以适合孩子的表达方式来讲述故事。这就要求少儿图书的选题策划者走进少年儿童的世界,多与少儿接触,不断研究少儿心理,在这一过程中,做到准确定位读者,准确把握少儿读者的接受能力和欣赏水平,并拟出高品质的选题,最终实现激发孩子的创造力的目标。

【案例】

吉林美术出版社出版发行的小小孩品牌图书《学前三百字》(图2-1),在3年之内再版近20次,销量近200万册。至今依然供不应求。

《学前三百字》自问世以来,以她的靓丽的三百个字,携领风骚,书写了华夏汉字启蒙的新篇章,是一道旖旎的风景线。她对中华文化的最大的贡献就是打开了娃娃们走进国学领域的一扇大门,是小小孩学习汉语言文字的精品读物。她以自身的魅力赢得了小小孩课堂的精彩的掌声。她也让小小孩的图书在华夏的大地上获得了经久不息的叫好声。

《学前三百字》,图文并茂,是新世纪学前儿童的一本别开生面的国内畅销的

图2-1 《学前三百字》

识字书,或曰识字课本。她为每个汉字配上了一幅写真画面。把小小孩领进了每个汉字所特有的意境之中。帮助孩子认字,理解字的含义。写真画面的又一个功能是,培育了孩子对汉字的情感,培育了孩子们对汉民族文化的爱心,对国学的认知。

书中对每个汉字的字音、字形、字义、笔画、偏旁部首、笔顺、组词、对应的英文等的精心的策划,既体现了小小孩图书的功能多样化的特点,又强化了孩子们对汉字的进一步的认知。笔画对中国的汉字的象形文字的特点,进行了解析。

这本书的作者和编者都是儿童文学专家,他们经过长期地观察和研究儿童,对儿童的心理认知和接受水平已能够准确地把握,使得这本书的难易程度和传授形式正好适合学前儿童的认知能力和接受水平。

2)细分目标读者群的需求

图书,既是物质产品,又是精神产品,它是以精神内容来满足读者需求的。读者群之间的文化基础和知识水平存在差异,如果不细分读者群,就会失去市场,有用知识就会越来越少。而图书作为商品的使用价值一旦减少,就会出现这样的状况:谁都能用,谁都没有大用,谁都不怎么用。如一个生活保健类选题,最初的读者群定位是所有久坐的人群,包括教师、驾驶员、办公室白领等。编辑通过对读者群的细分,最后定位于年轻一族的"车友网虫",读者面看起来窄了,但是针对性更强了,书稿也针对年轻读者的喜好,内容紧凑、行文风趣、版面活泼,并配上诙谐幽默的插图。图书出版上市后,获得了读者的好评。

在专业教材选题策划,尤其是一些公共基础课程的教材选题策划中,读者定位大而全的现象特别突出。在面对多专业、多层次和多种形式教学的情况下,策划编写的教材必须有不同的读者群体定位。有必要针对不同专业教学需要,在编写具体内容上有所侧重,而不能雷同,也不能简单安排共用一门教材。

【案例】

在策划不同层次、不同专业开设的同一门课程教材的选题时,很显然,应该首先明确教材的使用者,然后深入研究各层次、各专业的培养目标,找出它们的共性和个性,再根据其共性和个性确定教材内容的相同点和区别点。人民卫生出版社的《有机化学》的选题策划就是一个成功的案例。

对于教材使用者为药学专业本科生而言,因其专业培养目标为药学教学、科研和生产等培养具备药学基本理论、基本知识和基本技能的专门人才,大学本科的课程设置基本以化学及其相关课程为主线,《有机化学》是一门重要的专业基础课程,要求学生掌握的内容多而深,主要为后期的专业基础课程和专业课奠定基础,因此除介绍《有机化学》的基本理论、基本知识外,有机合成路线等反应过程必须作为教材内容的核心而予以重点介绍。

对于教材使用者为临床医学专业本科生而言,因其专业培养目标是为医学教学、科研和临床等培养具备医学基本理论、基本知识和基本技能的专门人才,医学及其相关生命学科是其要求学习的重点,而《有机化学》课程则只需要掌握基本知识,内容相对简单,重点应在有机化合物的结构与临床常用药物的关系上,有机合成路线等反应过程则不必详细介绍。

对于临床药学专业本科生,培养具备临床用药咨询专门知识、指导临床合理用药能力的人才是本专业的培养目标,其知识结构要求掌握药学专业的基本知识,同时具备一定的临床医学专业知识,因此该专业的《有机化学》课程与临床医学专业的《有机化学》相同之处在于重构效关系而轻合成路线的介绍,区别点是临床药学专业《有机化学》课程内容的深度要求比临床医学专业高,同时与药学专业一样需全面掌握基本理论和基本知识。

2.3.3 从作者的角度采用的工作方法

好的作者是产生好书稿的前提和基础。反过来讲,策划了好选题没有好的作者,也不可能出版好的图书。运用作者搜索法就是根据所策划的选题内容、体裁、风格及读者对象来搜索、发现和确定作者的方法。当然,这个过程是一个调查研究的过程,它必然要求编辑人员在掌握有关作者信息资料的基础上,走出社门,走向社会,有的放矢地搜索作者,开展调查研究,综合考虑被搜索人的各方面情况,确定合适的作者人选。有了合适的作者,也就有了好的书稿、好的图书。在科学技术迅速发展的今天,策划选题时应注意搜索和选择年富力强的作者。因为这些人积累了相当的专业知识和工作经验,由于年龄、精力的优势,极少拘泥于传统模式,十分富有创造力,能最大限度地发挥自己的特长,写出高水平的书稿。要真正搜索、发现作者,关键还在于编辑要多策划质量较高或影响较大的选题,以此来扩大出版社在社会上的影响。只有这样,才能吸引作者,使出版社拥有一支高水平的作者队伍,建立起自己的作者资源库,从而形成好选题—好作者—好效益的良性循环。

【案例】

图 2-2 《叶蔚林作品全集》上卷

湖南人民出版社出版的《叶蔚林作品全集》(图 2-2)就是成功的案例之一。湖南省永州市江华瑶族自治县对于当地的文化名人叶蔚林非常重视,县委、县政府在实施"神州瑶都"品牌战略的过程中,将叶蔚林作为"神州瑶都"的文化名片,制订了有关叶蔚林的"六个一"文化工程计划,"出版一套《叶蔚林作品全集》"就是其中之一。《叶蔚林作品全集》就是借助了叶蔚林这一文化名人之势,将其创作成果集中收录、整理出版的选题。

新闻人物往往是因为一些活动、事件或言论才引起大众关注的,这些人物身上往往能够挖掘到出版选题。对于地方政府出版图书的策划者来说,尤其要重视对大众产生积极影响的新闻人物,以便从中开发出版资源。感动中国十大年度人物、十大经济年度人物、公益人物奖等活动中评选出来的新闻人物,都应该是编辑要积极关注的重点。2005 年,洪战辉被评为感动中国十大人物之一,中共湖南省委宣传部等五部委联合发出《关于在全省开展向洪战辉同学学习的通知》后,湖南人民出版社抓住这一新闻人物,迅速策划、出版了全国第一本全面介绍洪战辉感人事迹的图书——《中国男孩洪战辉》,此书一经面市,首印的 20 000 册图书就被抢购一空。随即,湖南人民出版社迅速组织重印,同时对洪战辉这一热点话题进行了深度挖掘,又整理出版了《洪战辉日记》和《洪战辉故事》等系列读本,满足了广大读者的需求。据统计,《中国男孩洪战辉》经过多次重印之后,共发行 300 万册左右,这是湖南人民出版社借助新闻人物策划图书选题的经典案例。

目前大众图书作家们的身份比较多元化,除了专业作家外,媒体从业者、演艺界人士、学术专家、高校教师纷纷加入到创作大潮中来。这其中带有"明星光环"的人士是图书策划出版业的"香饽饽"。如陈鲁豫的《心相约》、曾子墨的《墨迹》、白岩松的《痛并快乐着》、崔永元的《不过如此》,都受到了较多关注。《倪萍画日子》是人教社出版的第一本大众图书。人教社策划这一选题首先是考虑到倪萍是著名的主持人、演员,很有人缘,很有大众的基础;更重要的是,作为社会公众人物,倪萍特别富有爱心,并且她这种爱,是一种对弱势群体的爱,对生活在社会底层民众的爱。《倪萍画日子》这本书里有富有哲理的文章,有精美的画作。这本书从倪萍在荣宝斋展出的画作及后续创作的新画作中选取精品,和她的文字相互配合,画作因为故事而鲜活,故事因为画境而升华。倪萍的眼中有生活,尤其是平民百姓的普通生活。三五百字的片段,或起承转合,或侃侃而述,都是绝好的人生体悟。正如策划这本书的资深编辑张华娟所说:"我们也在寻求这样的一种东西,寻求一种简单、质朴,但是会感动人、能够打动人的东西。我们要抓一种选题,就是它能够真实地教育每个人,尤其是我们编辑自己,首先是教育我们,我们才能把它推介给广大的读者和更多的青少年来阅读。"倪萍的书里充满了爱,她的画里也充满了爱的故事,人教社希望能把这种爱传递给更多的人,让更多的人都富有爱心。

2.3.4　从图书市场热点的角度采用的工作方法

1) 填补空白法

填补空白法是指编辑在他人尚未涉及的前沿地带,也就是出版的处女地,策划出高水平、有价值的选题的方法。这是编辑尤应重视的方法。在许多领域,有许多尚待编辑开垦的处女地,如果学术著作能进入到这些研究的前沿地带,将会给出版业带来生机与活力。实际上,科学研究的前沿地带与出版选题的空白区有着密切的联系。图书是传播科学文化知识的媒介,科技的迅速发展,也给编辑策划选题提供了广阔的空间。但是,怎样才能策划出填补空白的选题并非易事。这就要求编辑要提高自身思维能力,通过多种渠道不断收集、积累信息,保持敏锐的头脑,关注科技发展的前沿地带,了解科技发展的趋向和动态,具有"高屋建瓴"的本领。同时,还要有的放矢,了解在科技前沿地带工作的专家和教授的基本情况,了解在某些领域哪些人代表国内的最高水平,哪些人在某一方面最具权威性,从而结识有关专家,为好选题选择学术水平最高、最有影响的作者。运用填补空白法所策划的选题,常使人感到耳目一新,既填补了某一方面的空白,扩大了人们的认识领域,而且也比较容易占领图书市场取得良好的社会效益和经济效益。如由国内外知名的眼科教授张效房主编的《眼外伤学》是我国第一部囊括基础与临床、系统阐述眼外伤学方面的学术专著,具有填补空白的意义。该书以其高水平、高质量,荣获第十一届中国图书奖。这种填补空白的选题策划方法是值得每个编辑探索和追求的。但在策划这样的选题时,还要考虑市场的需要、文化的积累、学术的价值、读者的定位,避免"曲高和寡",尽量做到社会效益和经济效益的最佳结合。

2) 追踪热点法

所谓追踪热点法,是指编辑以善观其变的创新意识,对社会文化生活等方面出现的热点现象进行立题策划的方法。任何图书选题都应是时代的产物,关键在于其时代特色是否强烈,是超前的还是滞后的。能否准确地感应时代限制着编辑选题策划的水平。编辑在策划选题时,也应考虑社会热点问题,这不仅是经营的需要,也是一种社会职责。但如何才能掌握好这种策划选题的方法,却并非一件十分容易的事情。要真正成功有效地运用这种方法,既离不开出版社本身的实力和条件,如作者的水平和组成、印制周期、发行手段、宣传方法等是否具有竞争优势,更有赖于编辑对社会热点的准确把握与控制,科学地预测热点的变化、趋势与社会需求,策划出高水平的选题。而这一切又完全取决于编辑的政策理论、学识水平和判断、预测能力。对热点把握得好,就能策划出好选题,就会产生巨大效应。否则,跟在别人后面盲目去追逐热点,其结果往往是等到自己的书出版后,市场上同类书已经很多,热点已开始降温,从而造成自己图书的积压。热点法并不是那种一窝蜂、一哄而起去抓内容相同、质量平庸的选题跟风的方法。

社会上发生的重大事件、大众关心的热门话题、舆论关注的对象都可以算是热点话题,选题策划也可以从这些热点话题中取材。要运用好这一策划方法,需对热点话题博闻强识,反应敏锐,能够由一种社会现象联想到相关的很多内容,还要求出版及时、有独创性。

【案例】

在 2008 年南方特大冰灾发生之时,湖南人民出版社迅速抓住这一热点话题,策划出版了主要由湖南省委宣传部组织编写的《破冰》《冰雪铸英魂》等一系列切合此话题的图书,在宣传党和政府与人民群众心手相连、共渡难关的公仆精神和抗击冰雪灾害中涌现出来的先进事迹的同时,迅速占领市场,取得了较好的社会效益和经济效益。《冰雪铸英魂》一书还荣获了第二届中华优秀出版物奖"抗震救灾特别奖"。

2.3.5　从与同类书比较的角度采用的工作方法

无论是在社会科学研究中还是在自然科学研究中,人们常常根据已有的经验、知识,对一些复杂的研究对象进行对照研究,以求得对这些现象有新的认识。同样,编辑在策划选题时也可运用这种方法,比如从其他出版社好的选题中受到启发,从而策划出在纵向或横向上有所开拓的选题。

编辑运用对比选题法,可以某一选题为参考点,拓宽自己的思路,见到别人策划的好选题,除了往深处想之外,还可以往广处看。同一个主题可以有不同的表现手法,开发出诸多品种。或者说同一种表现手法,可以表现诸多的内容。善于这样思索,定能借他山之石,策划出好选题来。这就要求编辑要多听,多看,多去新华书店,多参加书市和图书展览,积累经验,了解国内外相关选题图书的出版动态、种类及发展趋势。这样做可以避免策划选题一哄而上,真正做到"人无我有,人有我新"、博采众长,从而策划出好的选题。

【案例】

在目前图书市场上,女性保健类图书种类繁多,应有尽有,似乎已没有必要再出版此类图书。但是编辑经过大量市场调查,对比分析,以及与不同层次的女性座谈,特别是受到美国妇女所写的《我们的身体,我们自己》一书的启发后,运用对比分析选题法,选准突破口,以女性生命历程中几个重要的发展变化阶段为切入点,策划了《珍爱一生——女性自我保健丛书》。该丛书视角新颖,图文并茂,依据女性一生的不同时期——青春期、新婚期、孕期、哺乳期、更年期、老年期的生理及心理变化,分为6个分册,即《青春永驻》《新婚佳期》《孕期平安》《初为人母》《更年无恙》《夕阳更红》。该丛书使女性懂得如何善待生命,珍爱自己的一生,出版后,深受读者欢迎。

2.3.6 从策划者自身的角度采用的工作方法

1)主动策划法

主动策划法即在别的策划者还未想出某一创意之前,就已经想到了好的创意,是有超前意识的策划行为。主动策划法包括先行法、涟漪法、联想法和储蓄法。

(1)先行法

先行法是选题策划中最重要的策划方法,这种方法需要策划者反应及时迅速,具有善于捕捉出版信息的能力,在思考策划选题时善于联系社会上新近发生的重大热点问题。因此,这种策划方式主要适用于社科类图书的选题策划。需要注意的是出版时间早也不一定会畅销,关键是看图书的质量,"既要最早,又要最优"应该成为选题策划者的自觉追求。如泰山出版社出版的《中国农村市场开发方略》,就是在党中央国务院提出"三农"问题后,策划者响应国家号召,把握时代脉搏,及早推出的符合国家政治导向的社科类图书。该书由于走在时代的前沿,符合国家大局的要求,荣获国家图书奖。图书市场的热点具有周期性,能否在热点图书市场抓住商机,分得蛋糕,在运用先行法策划图书选题时,需要对重大社会热点问题反应敏锐迅速,出版及时并有一定的创意,否则容易成为跟风出版。读者会因为一些重大热点问题的出现而引发其读书求知的兴趣,从而促使这类图书的热卖。

(2)涟漪法

所谓涟漪法是指当一种选题获得成功以后,策划者对其进行深度和广度延伸,也就是对相关选题进行横向和纵向的扩充,所以又叫扩充法。扩充法一般是研究分析过去一直畅销的某个选题,并把它的畅销原因分解为若干元素,在此基础上提出新的套书丛书选题。如《演讲与口才》原本是本畅销书,在此基础上又延伸出了《演讲语言技巧与实践》《公关语言技巧与实践》《导游语言技巧与实践》《律师语言技巧与实践》和《主持人语言技巧与实践》系列丛书选题,使之与职业培训、各行业实践直接挂钩,达到了比较理想的效果。

(3)联想法

联想法,就是由某一个社会现象或事件引发出策划人员的联想,从而策划形成一本书。这种方法要求图书策划人员博闻强识,可以由一种社会现象联想到与此相关的很多内容,或者由某个事件引发出无限的联想,据此构思出一个出版选题。假如我们看到有个叫"浪漫经典"的婚纱摄影连锁机构,这时我们可以联想到将"浪漫经典"作为书名,策划一本关于歌颂和赞美爱情的图书,书中可以汇编国内外众多经典爱情故事,上到帝王将相下到平民百姓都可囊括其中。又比如,我们听过孟姜女哭长城的故事,这一故事被称为"千古绝唱",因此,我们可以想到将"千古绝唱"作为书名,把各行各业绝无仅有的人才及绝活汇编成册。总之,联想法需要在生活体验的基础上,进行加工和改造,不是臆造和胡思乱想。采用联想法进行策划,需要编辑策划主体善于体会和观察生活,并能采用逆向思维和发散思维,不断联系图书市场和生活现实,对主体的素养要求较高。

(4)储蓄法

储蓄法是指当策划者策划出某一选题之后,先不急于推向图书市场,而是留待以后出版。这种情况一般是策划者仅策划出单本图书,而单本图书不足以表达某种思想,于是将该选题策划作为储备,等到有了许多同类的选题而且能与之形成系列丛书时再将其出版发行。所以,图书出版中套书、丛书选题的开发往往采用此种方法。储蓄法中,有些选题已经实现,而有的选题尚未实现,未实现的选题不能放着不动使其失去存在的价值,而要使其发酵并转化为其他可行的选题。2004年5月泰山出版社出版了《你是自己的雕塑师》,后来于2009年1月出版了《你是自己的领导者》,从而与先前曾出版的《你是自己的律师》《你是自己的信使》和《你是自己的演讲家》等成为"你是自己的救世主"系列丛书。又如,中信出版社在2008年7月和8月分别出版了《任正非管理日志》和《张瑞敏管理日志》后,又于2009年1月出版了《王石管理日志》。

2)被动策划法

图书选题策划除了主动策划方法以外,还有一种被动策划法。所谓被动策划法就是借鉴别的策划者的经验,并在此基础上反复推敲琢磨从而策划出更有创意的图书的策划行为。被动策划法主要包括跟踪法、反思法和网络法。

(1) 跟踪法

这里所说的跟踪法并不是简单的跟风，而是借助一种出版潮流，打造出自己的精品图书。跟踪法在这里有两层含义，一是指借鉴别人的好的选题策划，二是借鉴自己曾经策划的比较成功的选题。由市面上成功的畅销图书出发思考选题是业内公开的秘密，这就是运用跟踪的方法对一些选题进行借鉴和改造，从而策划出更好的选题。例如，北京出版社出版的《登上健康快车》打响后，该社紧接着开发出版了《少儿健康快车》，针对非典肆虐的情况，又出版了《登上健康快车之非典专列》，满足了当时群众对于抗非典知识的需求。随后，其他出版社也不甘落后，将这一选题进一步扩散。国际文化出版公司出版了《踏上健康快车——注意身体的 24 个警告》、吉林人民出版社出版发行了《登上家庭营养快车》，成功地分割了市场上的经济利益大蛋糕，从一个选题中看到了新意，运用跟踪法策划均获得了成功。跟踪法要求选题策划人特别留意其他出版社的同类书选题情况以及进入市场后的反响和优缺点，以便自己取长补短，在跟踪的基础上做到求新求变。

(2) 反思法

反思法是指当我们发现市场上有畅销图书后，可以反其意而为之，组织策划观点相反的图书，从而吸引读者的注意，借助畅销图书的势头分得市场一杯羹。反思法需要策划者采用逆向思维，发掘市场冷点并等待冷点变为热点。运用反思法进行策划有时会收到意想不到的效果。

如《千万别学英语》的成功之处就在于巧妙地掌握住了读者的叛逆心理，刺激更多的人学习英语。《千万别认真》《千万别说菜日文》《千万别这么穿》和《千万别炒股》等图书均是运用反思法策划出的选题。在影视文化圈的"戏说风"盛行之时，许多出版社纷纷出版影视同期书，而中华书局则凭借自身的品牌号召力和扎实的学术功底，推出了旨在"解密历史真相，走出戏说误区"的"正说"历史书系，满足了大众读者对于历史真相的探索欲，受到了广大读者的一致好评。反思法实质上属于跟风，但它是从反面跟，只要跟出新意和个性，就能开辟新市场。

(3) 网络法

通过一些出版与读书方面的论坛、博客、贴吧获得当前图书信息，并通过与网友交谈，了解读者的潜在需求，是获得选题灵感的重要途径和重要方法。点击率很高的网络文学、论坛或者知名人士的热点博客等，往往可以直接成为图书选题，如《第一次的亲密接触》《明朝那些事儿》《悟空传》《老徐的博客》皆因网络的流行而得以出版。北京开卷信息技术有限公司网、中国图书出版网、中国出版信息网等出版专业网站，中华读书网、博客中国网、"榕树下"等文学创作网站以及著名大学的网站都可以为图书策划者提供选题素材,激发策划灵感。

总之,在图书策划的过程中,不管采用什么样的策划方法,都需要策划主体的创意。因此,策划主体自身的素质,如品德、品位、品格等对于图书选题的质量起着十分重要的作用。选题策划人要及时掌握选题信息,调查图书市场和读者需求,把握时代脉搏和文化流行趋势,只有这样才能获得灵感,激发出新的选题创意。

【本节要点】

1. 选题策划中常用的工作方法;

2. 从读者的角度采用的工作方法;

3. 从作者的角度采用的工作方法;

4. 从图书市场热点的角度采用的工作方法;

5. 从与同类书比较的角度采用的工作方法;

6. 从策划者自身的角度采用的工作方法。

【思考实践】

使用所学的选题策划工作方法,拟定几个选题名称,并简单阐述选题的读者对象、主要内容及特色。

【延伸阅读】

"点式""线式""面式"和"链式"选题策划延伸法

1. "点式"选题策划延伸法

所谓"点式"选题策划延伸法是指保持书名和基本内容不变,以版次或修订区分版别的一种方法。它具备以下特点:

① 锁定书名不变,以版次区分版别;

② 图书内容或技术非常成熟或相对固化;

③ 初版图书受到好评且有一定的销量;

④ 具备经典常销书或畅销书的潜质;

⑤ 一次投入,多次回报;

⑥ 适合辞书、词典等工具书和一些基础知识类精品图书的策划。

"点式"选题策划延伸法值得编辑部主任和总编辑们重视。"点式"选题策划延伸法的成功案例很多,涉及图书的面也很广,像大家熟悉的商务印书馆出版的《现代汉语词典》从 1978 年 12 月的第一版至今已出版了 6 版,其书名、整体内容和结构没有大的变化,只是补充和删掉一些不适应的词条,是一本集经典和畅销为一体的"点式"策划的典型代表。再如中国纺织出版社出版的《中国新股民必读全书》,这是一本迎合我国股市发展而策划出版的图书,至今已出版至第九版,书名一直没变,主体内容也基本上保持不变,只是对一些政策、法规及不适应的内容进行了适时调整。其第七版正赶上 2007 年的"牛市",发行量超过 60 万册,总发行量超过 100 万册,是"点式"策划在大众图书中很成功的例子。类似的例子在科技专业类图书中也有不少,如美国的《Food Science》《Food Chemistry》都已出版至第六版。

2."面式"选题策划延伸法

所谓"面式"选题策划延伸法是指保持读者群不变,以内容的个性化来区分版别的一种方法。它具备以下特点:

①锁定读者群不变;

②内容个性化或独具特点来满足读者的需求;

③以系列书的形式出现,一般品种较多;

④在短期内有很大的总销量,其中还会有单品畅销书;

⑤集中投入,短期回报;

⑥适合流行和热门话题等类图书的策划。

"面式"选题策划延伸法的成功例子有不少。如中央电视台的"百家讲坛系列"以中央电视台浩大的电视观众为主要读者群,创造了国内版图书的畅销史,是"面式"策划的典型例子。而像中国轻工业出版社出版的"现代人食谱系列",虽然在整个图书市场上没有"百家讲坛系列"那样影响大,但在大众生活类图书中是近十年来的佼佼者,总发行量超过 300 万册。从其《懒人菜》《单身开伙》《30 分钟开饭》《快手家常菜》等书名可以看到现代人生活和个性化需求的元素。这种定位读者对象为现代人,以现代人的不同人群细分为目标读者的方法也属于"面式"选题策划的范围。"面式"选题策划延伸法在大众类图书的策划,特别是在新拓展板块和加大某一领域或板块市场占有率和竞争力时会起到很好的效果,是出版社领导必须考虑使用的方法之一。

3."线式"选题策划延伸法

所谓"线式"选题策划延伸法是指保持书名或主书名不变,以内容和序号的改变来区分版别的方法。它具备以下特点:

①锁定书名或主书名;

②内容或序号变化;

③一般以丛书的形式不定期出版;

④第一本一定是比较畅销或受到好评的书;

⑤分次投入,集中回报;

⑥适合畅销书的策划运作。

"线式"选题策划延伸法比较适合运用于大众类畅销书的策划特别是在出版社碰到多年不遇的畅销图书时一定要加以利用,以免错失良机。如江苏文艺出版社出版的《不生病的智慧》,从《不生病的智慧1》《不生病的智慧2》《不生病的智慧3:易经养生说明书》《不生病的智慧4:易经内病外治法》《不生病的智慧5:来自佛道武药中的养生保命法》书名可以看出,虽然书名和主题没有变化,但内容的角度发生了变化,这在系列 3 ~ 5 的副书名中就很容易区别(虽然 1 和 2 没有那么明确,其实内容是有很大区别的)。将这种书名锁定不变,仅改变内容编写角度的拉开式的选题策划方法定性为"线式"选题策划法是比较恰当的。类似的例子还有青岛出版社出版的《细节决定健康》系列中的黄金版、白金版、男人版、女人版;中国轻工业出版社的《现代人家常菜精选 1288 例》的Ⅰ和Ⅱ等。这些都是近几年运用"线式"选题策划延伸法取得优异销售业绩的成功案例。

4."链式"选题策划延伸法

"链式"选题策划法是指保持内容领域或板块不变或相关联,以内容的深度或编写形式的变化来区分版别的方法。它具备以下特点:

①锁定内容领域或板块不变;

②内容深度递进或递减和编写形式变化;

③一般以书名细分读者市场;

④比较容易在某个领域或板块做深做透;

⑤切入点比较灵活,可以从低到高,也可以从高到低延伸;

⑥适合大众类图书某一领域或板块和专业类图书的策划。

"链式"选题策划法比较适用于科技专业类图书的选题策划,特别是在制定某个板块或领域的选题规划时,会显示出这种方法的重要功用。"链式"选题策划延伸法的成功案例在专业类出版社中较多。这种方法一般是以内容相关联并改变编写形式或内容深度,以递进方式来满足不同读者的需求。例如,中国轻工业出版社出版的《啤酒生产问答》—《啤酒生产工艺》—《啤酒工业手册》,它运用的就是改变编写形式来区分读者对象的"链式"选题策划延伸法;而中国纺织出版社出版的《健康美味系列食谱》(大众类)—《大厨必读系列》(专业类)—《"十一五"国家级烹饪专业规划教材系列》(教育类),是通过内容深度的递进或改变来定位读者对象的,是领域或板块图书内容递进的"链式"选题策划比较典型的例子。

不管是"点式""线式""面式"还是"链式"选题策划法,在它们之间也是有一定关联性成分的。把它们总结划分成四大类别,目的是为编辑工作者特别是年轻编辑提供一个比较清晰的思路,便于他们把策划工作做得更好和提高他们的工作效率。究竟选择何种方法进行选题策划,要依据以下原则:①出版社出版领域和图书结构;②图书类别及其市场状况;③四种选题策划法的特点。在此基础上,选择不同的选题策划方法,也可以在不同板块同时采用几种方法。总之,要因出版社、图书类别、市场状况的不同,灵活恰当地运用,才能取得预期和令人满意的效果。

(李炳华 中国纺织出版社)

模块3

出版信息采集

学习目标

知识目标

1. 了解选题信息的含义与特点；
2. 熟悉选题信息的类型；
3. 掌握选题信息采集途径；
4. 掌握选题信息加工要求。

能力目标

1. 能说出各种选题信息途径；
2. 能通过不同渠道采集选题信息；
3. 能对采集到的信息进行加工处理；
4. 能有效提升自己的信息采集与处理能力。

任务 1 出版信息概述

【思考】

党中央国务院提出"三农"问题后,泰山出版社响应国家号召,把握时代脉搏,推出符合国家政治导向的社科类图书——《中国农村市场开发方略》。该书由于走在时代的前沿,符合国家大局的要求,荣获第四届国家图书奖。

请阅读上述文字,思考选题信息来源及其与出版选题的关系。

3.1.1 出版信息特点

选题策划要以全面而准确的信息为基础和依据,采集和加工出版信息是进行选题策划的首要环节。敏锐的出版人往往会广泛搜集,科学分析行业资讯,政策文件以及新闻热点,发现出版机会,进行选题创意与策划。我们把有助于出版选题策划的信息集合称为出版信息。出版信息具有如下特点:

1)客观性

出版信息是一种反映,无论是出版市场需求变化,还是某些政策、指令,都有它的客观内容。需要注意的是,信息的客观性不意味着信息内容的客观性,受主体能力的限制,认识论层次上的信息有时不符合客观事物。因此,出版选题策划人员必须进行信息甄别。

2)无限性

出版信息来源广泛,无论是出版市场信息还是社会文化信息,科技发展信息等都对出版选题策划有直接或者间接的使用价值。另一方面,出版信息本身具有衍生性,作为一种重要的出版资源,出版选题策划人员往往会对出版信息价值深度挖掘。

3)共享性

信息具有传递性,出版信息在空间上的扩散和时间上的存储使得出版选题策划人员都有机会充分利用出版信息价值,开发相应选题。当然,出版信息的共享性不代表所有人都可以充分利用出版信息价值,每个人的信息采集和加工处理能力以及创新能力都会影响出版信息的开发利用。

4)动态性

客观世界是不断变化发展的,人的认识能力也在不断提高,所以出版信息的内容和数量也是不断变化的。这种变化也要求及时利用出版信息进行选题开发,充分利用出版信息价值。

3.1.2　出版信息类型

进行出版选题策划,需要采集如下信息:

1)社会发展信息

影响或制约社会发展的信息,包括国际形势变化、国家经济发展状况、产业发展方针政策以及教育状况等。例如,伴随经济全球化和中国经济的快速增长而形成的汉语学习热潮,对外汉语出版市场显现巨大潜力。2006 年,外语教学与研究社顺势而为,联合汤姆森学习出版集团出版《汉语 900 句》。准确的市场定位和创新的出版形式获得广泛赞誉,产品出版后畅销 50 多个国家。

2)科学文化信息

传播科学文化知识,满足人们不断增长的精神文化需求是出版工作的职责所在。收集与相关科学技术、文化思潮及各门类学科发展变化有关的信息,及时开发选题,传播和积累文化是应有之义。著名出版人钟叔河主编的"走向世界丛书"记录了具有先进思想的近代中国知识分子亲往西方进行接触和交流的情况,这对于20 世纪 80 年代的国人来说极具吸引力,满足了当时的人们开眼看世界的急切愿望。这套丛书的出版在当时的出版界、文化界和广大读者中产生了巨大影响,被称为出版界一项巨大业绩。

3)出版市场信息

出版市场包含出版资源市场、消费市场和竞争状况,是一个比较复杂的联合体。出版工作者在连接作者和读者的同时还应注意同类市场的变化情况,只有充分采集多方信息并进行科学决策,才能策划出有出版价值和市场价值的产品。

①作者信息。反映作者基本情况的资料,包含有关学科作者群分布状况及个

人专长、学识等。

②读者信息。对出版物反映、对为了出版物需求以及对相关企业和产品的认知度和忠诚度等。

③出版动态信息。各种学科类型出版物选题信息、市场需求、价格、出版业统计资料以及竞争对手的相关信息等。

【案例】

图3-1 "鸡皮疙瘩系列丛书"之一

"鸡皮疙瘩":引进图书成功本土化

320万册总销量,这个数字足以让任何出版社的编辑大吃一惊,谈起"鸡皮疙瘩"系列图书在市场上取得的成绩,接力出版社总编辑白冰认为,关键在于引进图书本土化的成功。

引进把好需求关

白冰介绍道:"我们引进它,是经过市场调查和严格的论证的,完全不亚于一项重点工程的开工建设。"

"如果捡到篮子里就是菜,那不行。"

白冰认为选择引进图书时,要把好市场需求关。"我们引进图书的一个重要目的在于满足中国青少年文学阅读的需要,使得他们能够在第一时间看到世界一流的文学作品。这个目的决定了我们在引进图书时先要考虑图书是否具有较高的艺术价值和文化价值,青少年是否喜欢。"

为了把准市场脉络,接力出版社往往在引进版权的前期做大量工作,如把书的一些章节翻译出来给中小学生看。认真听取读者反映,而不是光听发行商和新华书店的说法。"如果光是看《出版商周刊》或《泰晤士报》的排行榜,国内读者是否喜欢其实是未知数,因为这里面有民族文化差异、阅读习惯差异、时尚文化差异,所以听取读者意见,经过详细市场调研的书才能通过论证。所以,我们做引进版,选题可能有100个,但最终做成的书可能只有6~8本,要通过我们层层论证,寻找那些写法题材'新'、形态文本'异'、创作富有'特色'的,打造成畅销书。"白冰说。

(鲍晓倩,中华读书报,"鸡皮疙瘩":引进图书成功本土化,2004-09-01. http://www.gmw.cn/olds/2004-09/01/content.92838.htm.)

【本节要点】

1.选题信息的含义、特点;

2.选题信息的类型。

【思考实践】

中国自 2001 年申奥成功以来,以奥运为主题的图书不断涌现,满足人们对奥运的向往与渴望,也让人类的奥运精神、北京的奥运理念日益深入人心。2001 年中国奥运图书出版近百种;2004 年雅典奥运会举办,中国奥运图书的出版再现高潮;2006 年起,中国奥运图书的出版呈现逐年攀升的态势,2006 年出版 108 种,2007 年出版 439 种,而 2008 年仅上半年,中国出版与奥运有关的图书就已超过 400 种。找出几本进行相关信息的分析,试比较各出版方对"奥运"信息的开发角度和产品特点及质量水平。

	基本信息 (版别、定价、字数等)	内容特色	读者对象	发行状况
选题1				
选题2				
选题3				

任务2 出版信息采集与加工

【思考】

最初发现麦兜很偶然。接力出版社第二出版中心副总监黄集伟和同事在搜狐网站下载手机铃声时发现有很多麦兜电影音乐,下载的次数非常多,而且大多是时尚的年轻人。

在看过两个可爱的卡通形象和相关内容后,它的形象塑造,人性化的切入角度,诙谐中让人酸楚的"平民意识"的表述方式,以及跨地域、跨民族、跨国界的人类共通的情感,让对图书有敏锐感知力的黄集伟和同事们都觉得这是一个非常有潜力的选题。接力出版社立即拍板:就是它了!

请结合麦兜系列图书策划案例,思考获取出版信息的渠道有哪些。

3.2.1　出版信息采集途径

编辑若要随时掌握市场需求等出版信息,必须时刻放大眼界;通过各种途径收集有价值的信息,以便随时掌握市场动向。除了作者主动投稿以外,编辑往往要通过各种渠道主动获取出版信息,下文主要介绍几种常见的出版信息采集途径。

1)参加书展、书市

在一定的时间、地点,集中展示、销售图书,是举办各种书展或书市的初衷。慢慢地,书展和书市成了宣传、推广图书商品,促进出版交流与行业发展的重要平台。参加书展、书市等活动收集选题信息是了解出版市场动态和读者需求的有效途径。近些年,随着文化交流的逐步加深和出版业的迅速发展,很多大型书展都在突出其促进版权贸易、推进出版交流与合作等方面的功能。这种转变使得书展或书市成为获取出版资源的重要场所,在出版活动中发挥举足轻重的作用。出版选题策划人员需注意国内外重要书展、书市,如表3-1所示。

表3-1　国内外重要书展、书市信息

名　　称	主办方	举办地点	举办时间	备　　注
北京国际图书博览会	新闻出版总署、文化部等	北京	每年8—9月	展会旨在"把世界优秀图书引进中国,让中国图书走向世界,以促进国际科技文化交流,增强各国人民的相互了解和友谊,扩大中外合作出版和版权贸易,发展图书进出口贸易。"
北京图书订货会	中国书刊发行业协会、中国出版工作者协会	北京	每年1月	素有"中国书市风向标"之称的北京图书订货会展会通过丰富多彩的展览订货活动,努力把图书订货会办成具有看样订货、引导市场、交流信息等功能的大型展览订货会,推动图书市场繁荣发展,进一步为社会提供丰富的出版产品和优质服务
全国图书交易博览会	新闻出版总署、当地政府	不定	不定	原名为"全国书市"。2007年在重庆市举办的第十七届正式更名为"全国图书交易博览会"。经过二十多年,全国书博会业已由最初单一的图书交易活动,发展为融出版物展销、信息交流、行业研讨和倡导全民阅读等功能为一体的文化盛事

续表

名　称	主办方	举办地点	举办时间	备　注
香港书展	香港贸易发展局	香港	每年7月	香港书展是亚洲最大的书展之一。香港书展自1990年起举办,每年7月在香港会议展览中心举行。是香港每年夏天的一项盛事,为出版界提供推广新书的平台,为读者提供接触新书及会见作者的机会。书展每年都会与多家出版社、专业机构合作,定出一个独特主题,并围绕主题举办各项活动
中国上海国际儿童书展(CCBF)	上海市新闻出版局	上海	每年11月	CCBF专注于0~16岁少儿读物,以版权贸易、作家推介、阅读推广为主体功能;是国际童书进入中国市场、中国童书走出去并扩大国际市场、中外出版机构和作家深度交流的重要平台
法兰克福书展	法兰克福书展组委会	德国法兰克福	每年10月	世界上最大规模、最享盛誉的书展,被誉为"世界出版人的奥运会",其主要功能是推进版权贸易。每年会有100多个国家、7 000多家出版商和书商、30多万个新品种参加法兰克福书展。该书展已成为世界最大和最重要的图书贸易中心,是世界书业界的盛会,也被誉为"世界文化风向标"
伦敦书展	英国文化协会、英国出版商协会	英国伦敦	每年4月	全球书业最重要的春季盛会,是各国出版商进行版权洽谈的重要活动场所。展览以业内人士为主,资深人士主持的专题讲座、多种学术交流活动、最新论题的研讨会等增强书展的专业氛围。与此同时,伦敦书展为图书经销商、版权商、出版商和印刷商提供完美的贸易平台,使参展人员获得充分的信息资源
美国书展	美国书商联合会、美国出版商联合会	纽约、华盛顿、芝加哥、洛杉矶	每年5—6月	原仅为美国出版社对全美书商的一项采购性书展,后发展为所有英语国家共同参与,进而演变成具有版权洽购及图书订购双重功能的书展。本书展被誉为全世界最大的英文书籍展示活动,同时也是美国最大的图书交易场所。书展除展示书刊外,还举办各种专题活动,并颁发多个奖项,如:编辑最高奖(克蒂斯·本杰明奖)……
博洛尼亚儿童书展	意大利博洛尼亚展览公司	意大利博洛尼亚	每年4月	作为全球最大的儿童读物书展,博洛尼亚儿童书展致力于展示世界儿童读物出版的潮流,促进国际版权贸易和协作,发掘新的优秀的儿童读物作家和插图画家,并举办"儿童图书插图作品展",颁发"博洛尼亚儿童读物大奖"和"博洛尼亚新传媒奖"

2）阅读专业报刊

通过出版专业报刊了解出版动态，获取出版信息是另一个重要途径。经常阅读出版专业报刊和相应工具书（见表3-2），查阅出版动态信息，有助于熟悉市场需求、把握出版方向。

表3-2　国内出版专业报刊信息

名　称	主办方	刊　期	主要内容	备　注
《中国出版传媒商报》	中国出版集团	每周两期	产业要闻、专业出版、教育出版、大众出版、书业分销、营销周刊、市场月报、书评周刊等	中国书业界信息量最大的商务传媒
《中国新闻出版报》	新闻出版报社	日报	探索、报刊评价、印刷战线、装帧艺术、艺苑、编采生活、社科文摘	新闻出版广电总局主管
《新华书目报》	新华书店总店	周报	社科新书目、科技新书目、图书馆报	出版行业信息工具报，具有书目征订的作用
《中国图书在版编目快报》	新闻出版总署信息中心	周报	收录图书在版编目数据，全面反映图书出版信息。还同步发行《CIP数据·机读目录》	行业先期公告性质的图书信息刊物
《中国编辑》	中国编辑学会	月刊	编辑观察、人物专访、理论研究、新媒体、质量聚焦、编辑春秋、媒体评论	全国中文核心期刊
《出版参考》	中国出版科学研究所；中国版协国际合作出版促进会	半月刊	行业纵览、产业聚焦、书情与营销、国外出版瞭望、港澳台之窗	涵盖中外新闻出版的资讯期刊、两岸四地华文出版的平台
《中国出版》	新闻出版报社	月刊	出版要闻、市场与发行、出版文化、外国出版、出版法苑、业界动态、新书评	"全国中文核心期刊"
《编辑之友》	山西出版集团	月刊	热点透视、专题剖析、品牌解读、名家访谈出版论坛、策划营销、期刊探索	"全国中文核心期刊"

需要说明的是,上述报刊只是报刊中出版专业的一部分,策划编辑可以广泛地从这些报刊上了解行业信息。与此同时,从事不同领域出版工作的策划编辑,还需要通过相应领域专业媒体了解更多业内信息,以便寻找灵感、发现作者。

3)联系专业人士和专业组织

好的选题是一本书成功的基础,这是业界共识。出版行业的快速发展和激烈竞争加剧催生了一批专业的版权经纪人、经理人,他们掌握一部分作者资源并且熟知作者创作特色和作品出版价值,他们的职责就是积极寻求符合作者写作风格和特性的优秀出版方,协助出版方出版、推广产品,并以此获利。因此,与版权经纪人或经理人保持联系,是获取出版信息的重要渠道。另外,在专业出版领域,要获取大量专业的出版信息就必须与相应专业人士或者专业组织保持密切联系。如通过深度介入学术会议,甚至介入学术活动的前期阶段,广交学术界的朋友,知道什么人是真有水平,学术前沿在哪儿,哪些人的研究有前景。成功的编辑,尤其是从事专业出版领域的编辑,往往拥有相当的人脉资源、学术水准和专业素养。著名出版人范用曾告诫青年编辑:要腿勤,哪里有好文,要捷足先登,坐在办公室或家里,好稿子不会自动飞来的。对此,他不仅自己身体力行,脚印满京华,还带领年轻有为的编辑一起拜望名家老友,如:夏衍先生、钱锺书先生、黄苗子和郁风夫妇、汪曾祺先生等。对年轻编辑来说,更重要的是结识自己同代人中代表学术未来的准专家型作者,当然,这需要编辑的学术判断力。

【案例】

作为中国第一代由市场经济催生的出版人,陈昕(见图3-2)的经历几乎反映了上海出版现代史的变迁。共和国出版史记住陈昕的第一件事是"当代经济学系列丛书"(见图3-3)。当时,陈昕是上海三联书店的总编辑。

在此之前,他是学林出版社唯一的经济编辑,曾经花7个月时间编一本书,也曾经写一万字的立选报告,力荐一本助教写的、由论文催生而成的专著,1986年《国际竞争论》由陈昕力主出版,次年便获得中国经济学领域最高奖:孙冶方经济科学著作奖。

图3-2　陈昕

在上海三联书店,陈昕推出了堪称中国现代经济学术史上里程碑的"当代经济学系列丛书"。当今中国顶级的经济学家——林毅夫、刘世锦、李扬、张维迎、樊纲、盛洪……基本上都被这套丛书"一网打尽",他们现在是赫赫有名的大牌经济学家、政府高官,或商界巨子,当年却都还是默默无闻的学子,难以想象陈昕以如何独到的眼光发现并成就了他们。

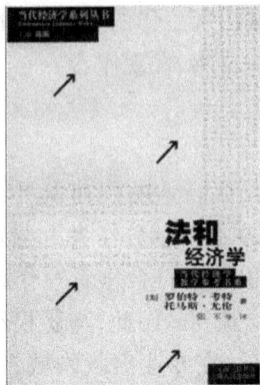

图3-3 "当代经济学系列丛书"之一

当年,举凡中国经济改革开放和发展的重大问题:宏观经济运行、微观经济运行、经济增长、通货膨胀、价格机制、收入分配、资金流动、国际收支、汇率机制、金融体系、货币政策、国际贸易、企业改革、财政体制、对外贸易、农村改革、劳动力流动、产业结构、区域经济等在这套丛书中都有分量颇重的专著予以研究分析,而且大多数都是中国第一部研究该问题的著作,所以一出版就反响巨大。

历史给了中国出版机构成为经济学新思想组织平台的机会,上海三联书店抓住这一稍纵即逝的机缘,促成中国经济学从传统向现代转轨,造就了一批一流经济学家,形成了非严格意义上的"三联学派"。

(陈洁,中华读书报. 陈昕:弄潮儿,2009-09-23. http://wwwgmw. cn/olds/2009-09-23/content-986688. htm.)

4)关注大众媒体

通过互联网、电视、广播、报刊等大众媒介广泛了解出版信息,实属必要。海量的资讯可能会从任何一个角度冒出来,激发编辑的策划灵感或想法。与此同时,当编辑有一个选题构想的时候,往往要通过互联网等大众媒体了解该选题的出版情况,以准确把握出版市场状况,进行选题创意与策划。作为一种职业习惯,专门进行出版策划工作的策划编辑们不仅要关注出版行业专业网站如:中国出版网、中华读书网、中国作家网、出版文化传播及信息研究网站等,而且要经常浏览、观看或收听公共媒体的有关阅读、出版栏目,如:网易的读书频道、中央电视台的读书栏目等。另外,经常浏览天涯论坛、新浪博客及榕树下等文学创作网站,偶尔也会收获不错的选题信息。

【案例】

在网络遭遇帕慕克

遇到帕慕克其实很偶然,某日在国外的某个书店网站上浏览各种出版物的近况,发现了一本书,书名叫作《My Name is Red》(见图3-4),觉得很诱人,书名起得很自我的感觉,就翻看了网站上的相关介绍,是我喜欢的那类小说,有历史感,有丰富的故事线索,不会一下子就看到作者的意图。按照惯例,我给版权部的同事发了相关信息,希望要样书来读读看。等待样书的日子里,我才发觉书的作者是位土耳其作家,作品的主题通常都与伊斯坦布尔有关,从大学时代同宿舍有位维吾尔族好友开始,伊斯坦布尔就是我向往的城市,因为它在东、西之间,既神秘,又亲切。我搜索过与作者有关的各种消息,发现他的另一部作品《雪》闯入了《纽约时报》2004年的100本好书奖的前10名,更有许许多多国外的读者在网络上发表感言,声称他们读帕先生的作品如痴如醉。我很好奇,接连要了作者的其他几部作品,除了英文版,同时还要了台湾已经出版了的几个繁体版。小说本身写得很精彩,是这些年难得一见的好作品,读起来欲罢不能。

图3-4 《我的名字叫红》

不仅是因为形式、风格、故事本身,我想更多的触动是来自帕慕克写作的意图,他令我这个同在亚洲的东方人感同身受,与小说的主人公一同在富丽堂皇的细密画中摸索。说到底,也不单单是为谋杀案寻找一位凶手,而是为处在东西方夹缝中的历史个体寻找一个认同,对自己、对民族,对文明本身都是如此。在帕慕克的作品中,我找到了同为东方人的共鸣,我想他时时不能释怀的东西也许正如我们是文明接触中的处境问题吧。

(姚映然.给读者一个理由,爱上帕慕克[J].编辑学刊,2007(01))

(姚映然)

5)激励作者

出版就是不断地发现新作者和新的作品,每一次成功的发现都为出版人的职业生涯增添光辉和趣味,这个过程被很多出版人津津乐道。优秀的出版人不仅能发现新作者,而且善于维护与作者的关系;不仅善于打造好作品,而且还能从原作品中发现新的素材,或者激发作者新的创作灵感。斯特兹·特克尔的《断街》等被认为开创了"口述史"这一体裁。他的著作中,《工作》销量过百万,《劫后人语》获普利策奖。他把这一切归功于他的出版人安德列,他公开声明:"我之所以写口述史,从头到尾都是安德列的主意。四十年来,作为编辑和同道,他一直是指引我的光。"

【案例】

写完《寂静的鸭绿江》,我说再不想写了,那种拼命的投入和身心疲累,无以言表。说是不想再写,可《咆哮的鸭绿江》的写作,又似乎是一种必然。

《寂静的鸭绿江》出版时,编辑张良村曾跟我探讨作品的修改,他看出我在书中删掉了小说中的一支辅线。我心中惊叹,我的确是删掉了抗日义勇军这部分,当时虽然舍不得,但如此庞大的部分放在这本书里不但展不开,还冲淡了主线。可能

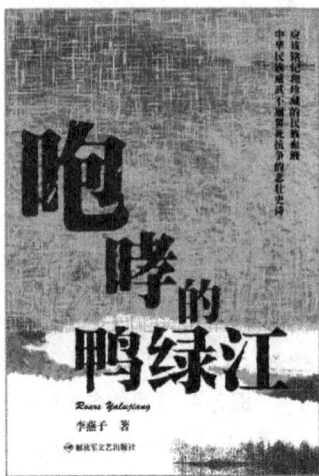

图3-5 《咆哮的鸭绿江》

因为删掉这部分我太舍不得,就对他讲了很多细节,其中说起鸭绿江流域民众的悍勇,我告诉他日本人来了,我们这里的爷们儿没有武器,就把锄杆上绑了杀猪刀出去跟日本人干。他听了非常激动,说:"我们的国歌就是《义勇军进行曲》,义勇军代表一种民族精神,我们这个时代就需要这种民族精神。"遗憾的是,东北义勇军,这样大规模悲壮抗争,直到现在仍被淹没在历史的尘埃中,没有赢得它应有的历史地位。当时,他就邀我把从《寂静的鸭绿江》中删节的那部分义勇军内容重新写作成书。

我被他的话深深打动,也随之意识到这个题材的重大和鸭绿江文化历史的意义。我犹豫再三,最后决定再受一次罪,把这部作品写出来。

(赵旭光,鸭绿江.曾如此"悲壮"如此"刚烈"——有关李燕子新作《咆哮的鸭绿江》的对话[N].丹东日报.http://www.ddvb.cn/news/zvnxw/8BA320114153341.html.)

6) 开展市场调研

从事出版选题策划工作的人员往往会花费很多的时间去跑市场、逛书店、访店员、问读者,以此获得真实、可靠的第一手资料,为选题策划做铺垫。当然,这样的做法费时费力,会存在一定程度上的局限性。因此,实践中常常同时参照专业机构的调查研究。如北京开卷信息技术有限公司作为全球最大规模从事中文图书市场零售数据连续跟踪服务的专业公司,专注于图书零售市场的真实情况研究,为客户提供真实市场情况。各出版机构面对变幻莫测的市场,越来越重视专业的、科学的市场调查研究,以便准确把握市场走势,及时进行战略布局调整。

【案例】

北京开卷信息公司总经理孙庆国少儿图书市场分析报告会

9月11日下午,在2007年全国少儿图书交易会即将落幕之际,稻香楼东楼主会场座无虚席,各家出版社的老总、编辑、书店业务员及媒体记者正在分享北京开卷信息公司总经理孙庆国先生所作精彩的少儿图书市场分析报告。他以详尽的数据系统地分析了中国少儿图书市场的成长速度和空间、少儿图书细分市场的占有情况、少儿图书的品牌和规模效应、少儿图书与媒体的互动关系4个方面的内容,引起了听会人员的高度关注。孙庆国先生在报告中指出:

一、中国少儿图书市场增长速度大于总体市场增长速度,近5年来少儿图书市场份额增长了8.89%,少儿图书占整个图书市场的11.7%。

二、随着市场集中度越来越高,进入少儿图书市场的门槛也越来越高。

三、强势品牌图书的市场拉动效应明显。图书规模效应增长,单一品种市场效应下降,即是说图书要成规模地推向市场形成效应,单本书只会淹没在书海中。

图3-6　少儿图书市场分析报告会

四、畅销书作家的市场效应明显。在少儿图书市场上,杨红樱、郑渊洁、苏真等5位作家的作品市场占有率达到14%。随着畅销书运作机制的逐渐成熟,出版社内部编辑职能也悄悄地发生变化,传统的案头文字加工工作退到幕后,编辑与作者的沟通交流功能彰显,挖掘各种信息,寻找各种潜在选题的策划作用越来越走到前台。出版社培养和锁定一批畅销书作家的前瞻意识越来越突出。

五、少儿图书与电视媒体的互动成就了一些大作品、大产品,但出版社能否在多媒体产业上有更大的作为和创造尚需要进一步思考。

本次图书交易会期间的这场报告会,为出版社的老总和编辑们从复杂的市场中找出规律,从而降低图书出版"试"的成本……

（资料来自安徽出版集团网站）

（http：//www.ahse.cn/ShowNews.asp？/119.html.）

3.2.2　出版信息采集的要求

选题创意与策划实施工作的全过程要求编辑要有较强的信息采集和处理能力。对于策划编辑而言,采集出版信息既要全面,又要有所侧重;既要收集整理,又要及时分析运用。进行出版信息采集需注意以下几点：

1）真实性

去伪存真,注重现象和本质的区别。采集的出版信息必须是真实对象或环境所产生的,必须保证出版信息来源可靠,必须保证采集的信息能反映真实的状况。这是信息采集的基础。

2）针对性

围绕某一出版领域进行选题信息的采集且能够准确表达,这样得来的选题信息对于选题策划工作而言关联度深、价值大、适应性强。

3）综合性

收集多方面的信息加以累积以展现全貌。采集的出版信息在内容上要全面、完整，必须按照一定的标准要求，采集能够具体反映出版领域全貌的选题信息。这是准确利用出版信息的基础。

4）预见性

出版信息具有共享性和动态性，这就使得出版信息的采集要及时、快速、高效，如此才能为随后的选题创意与策划实施工作争取时间。同时，注意及时淘汰过时的出版信息，注意反映事物发展状况的最新信息，准确把握市场变化趋势，为未来的决策作必要的信息储备。

【案例】

以失败案例为鉴——选题策划十大陷阱之作者陷阱

作者的号召力是选题成功的重要因素，畅销书作者尤其如此。如郭敬明、韩寒、易中天、于丹等，他们本身就有很强的市场号召力。他们的作品往往成为市场的卖点，他们的一言一行常常成为媒体跟踪炒作的热点。但是，也有些作者的影响力纯粹是通过各种手段炒作的结果，名不副实的情况时有发生，有些作者徒有虚名，写的东西其实很差，而且这类作者往往善于自我吹嘘，知道如何包装自己，或者由于编辑判断失误，导致对他们的选题过于信任或者过于乐观。如前两年，某出版社出版了一家咨询公司老总的一本书，这个老总很自信，认为以他的知名度和影响力，该书能卖到100万册，结果该书投放市场后读者反映很冷淡，最后的实际销售不足2万册。虽然出版社对该书的印刷数量较为谨慎，起印10万册，即使如此，也库存了8万多册，给出版社造成了很大损失。如果当初按照这位作者的要求起印100万册，这本书就会给出版社带来数百万元的损失，后果多么可怕。还有的作者虽然很有名望，也是该领域的权威，但不是每本书都能够卖得很好。如科特勒被称为"市场营销之父"，国内引进他的几个版本的市场营销教材都很畅销，但前不久某出版社引进他的《非营利组织营销》就卖得不好，其原因在于在企业的管理和运营方面我国与西方国家有更多的共性，而在非营利组织（在我国一般为事业单位）的管理与运营方面，我国与西方国家差距很大。科特勒这本书就不如企业营销理论对国内的借鉴作用大，从而造成了销售不畅。

有的作者虽然名气很大，但他的知名度仅限于某个领域，或者作者的要价太高，超出了出版社能够承受的能力，如果盲目进入这类选题也可能成为陷阱。还有的作者在思想倾向上有严重的偏差，出版他们的作品可能会给社会以及出版社带来麻烦,这类作者的作品也可能成为陷阱……

(周蔚华.选题策划十大陷阱,中国新闻出版报,2008-07-03. http://epaper. jin-ghua. cn/html/2008-07-03/content-so1262,htm.)

(来自《中国新闻出版》2008-07)

3.2.3　以失败案例为鉴——出版信息处理

选题信息处理就是对原始的、孤立的选题信息进行筛选、加工、存储,以备使用。

1)筛选辨别

对采集到的出版信息进行去伪存真、去粗取精的处理。将没有应用价值或者价值不大的信息淘汰掉,保留有价值的出版信息。

2)分类排序

将筛选过后的出版信息进行分类整理。收集来的出版信息是一种初始的、零乱的、孤立的信息,只有把这些信息进行分类和排序,才能存储、检索、传递和使用。因此,应根据信息类型和自己的需要,将出版信息分门别类整理好,录出版信息库,以方便使用。

3)分析研究

对分类排序后的出版信息进行分析比较、研究计算,使出版信息更具有使用价值——为选题创意与策划作铺垫。

需要说明的是,出版选题策划跟作者创作一样更多的是智力劳动,有较明显的主观性。出版信息的采集、加工和处理跟每个出版人在不同时期的兴趣等因素关系密切,也与每个出版人对于相应选题的认识和理解有关。

【案例】

我有一个好朋友,翻译高手,叫缪哲。他 10 年前翻译了一本书,叫《塞耳彭自然史》(The Natural History of Selborne)。这本书是 18 世纪英国的一个绅士用一辈子的时间写的,他终身未婚,居住在一个叫塞耳彭的小山村,整天观看花鸟鱼虫、自然生态。这部著作被称为"生态学的圣经"。缪哲翻译出来之后,被花城出版社出版了。我当时对这件事并没有太在意,大家可能都会有这种感觉,"灯下黑",对离得远的作者和作品非常看重,但往往对身边朋友的作品容易忽略。当缪哲跟我提到他出的这本书时,我没有去买,也没有看,后来看叶灵凤的《读书随笔》,20 世纪30 年代,叶灵凤就提到了《塞耳彭自然史》,他列举出了几本"当译而未译的书",或者叫"当译而难译的书",《塞耳彭自然史》就是其中之一,就是说它最应该被翻译出来,但是又最难被翻译出来。因为当时整个生态学的命名学还没有规范,里面有大量英国乡村的名词或专业术语,几乎没法翻译。

几年间,我只接触到了这两个信息点,但还不能产生触发。后来又有一次,我无意间读了一本书,提到读书界很多奇奇怪怪的藏书人。说有一个人一生只收藏各种版本的《塞耳彭自然史》。这篇文章里提到,《塞耳彭自然史》在世界各国出了几百个版本。这只是一个小小的谈资,但是通过这个谈资,你可以看到《塞耳彭自然史》在出版史上的地位,在读书人心中的地位。

到这第三信息点的时候,叶灵凤的《读书随笔》,我对缪哲翻译功底的信任,前面的两个点一下子把我触发了,所以我马上给缪哲打电话,问你那本书的版权到期了吗?赶快签给我吧。这个例子说起来也很简单,就是把平时在生活中耳闻目睹、所思所想的零散信息,让它产生关联,"超链接"。

(张立宪.编辑的执行力——以读库版《城南旧事》为例.http://www.guancha.cn/zhanglixian/2013-12-25-195151.shtml.)

【本节要点】

1. 熟悉选题信息采集途径;

2. 熟悉选题信息采集的要求;

3. 了解选题信息加工步骤。

【思考实践】

选取你感兴趣的某一出版物细分市场,通过各种途径获取市场需求信息、市场竞争信息、作者信息等,并对这些信息进行加工处理,撰写调研报告。

【延伸阅读】

选题策划需要关注的十大问题

信息是选题策划最初、最基础的一环,选题策划要以充足准确的信息为依据。书业资讯、出版政策、新闻热点,哪怕作者不经意的一句话、电视栏目中的一个小广告都有可能催生出一个畅销书选题。当"百家讲坛"风靡一时,将"国学"推介到大众读者面前时,图书出版商也适时将"国学"引向"国医",推出了《求医不如求己》等一系列中医保健类书籍;当2007年以来中国股市、基金一片红火时,大批的理财图书也顺势爆满了市场。看上去不相关联、并不起眼的一些信息对出版人来说都有可能极具价值,编辑要广泛搜集、科学分析这些信息,并理出明确思路,为图书选题策划作好充足准备。那么,调研阶段编辑需要关注哪些问题呢?

1. 各类销售数据应该怎么看

获取销售数据是市场调研的重要方法之一,研究分析各类图书排行榜可以高效便捷地获取市场信息。编辑如何获取有用数据、如何利用这些数据呢?

(1)看什么

销售数据包括出版单位外部和内部的数据。外部数据如开卷、北发网、当当网等提供的销售排行榜;内部数据包括出版社内部提供的库存、销售报表、月均监控销量和销售排名等,内部数据直观、准确,也不容编辑小觑。

(2)怎么看

①数据取样时选择图书中长期销售数据更加可靠,不能只根据1个月或者几个月的短期图书销售排行就得出结论:哪类书畅销,哪类书滞销。因为一时鹊起可能最终归于沉寂,对一类细分市场的分析应以较长时间的销售数据为依据。

②取样时选择一类书整体的销售状况,而不仅是靠排行榜上单本或几本书来判断该细分类型的销售情况,避免"只见树木不见森林"的情况。

③有些上榜书的销售数据里隐含出版商的博弈成分,可能是出版单位回购等营销活动产生的结果,多参考一些销售数据,这样可以剔除榜单中的虚假成分,以便准确了解图书市场的变化。

2.去各类图书销售场所要看什么

编辑一定要有定期去综合书城、专业书店、超市卖场等处调研的习惯,哪怕街边的盗版书摊也反映了现在到底火的是哪类书。

①从书店读者获取信息。关注书店内的读者,以了解不同学科、不同层次读者的购买趋向。观察某一类图书的读者细分状况,如年龄结构、消费潜力、职业状况、文化程度、阅读喜好等,这些零散读者信息的日积月累,对提升编辑的对选题的判断力大有好处。

②从书店销售人员获取信息。与店员沟通并建立联系,可以了解哪类图书畅销、读者情况、上架等各种信息。

③关注各类图书的信息。进书店可以获得大量的一手图书信息,如竞争出版社的产品动向、同类图书的内容特点、版式开本设计等。这种直观信息会自然而然地烙在心里,成为选题策划的有用素材。

3.如何获取国家政策导向、大众关注热点等信息

近年来中央加强实施惠农政策后,新闻出版总署将农家书屋建设作为1号出版工程,金盾、中国农业、农业大学和化工等多家出版社借此时机加大产品开发,获益颇丰。可见政策层面足以影响整个出版业的局面。编辑要时时关注报刊和其他媒体,以了解影响图书销售市场的这些外部因素,包括国家推行的某项重大政策对市场购买力产生的影响、读者阅读热点的转移、消费观念的变换、社会时尚引起的读者购买动机等。如今网络上越来越流行的SNS(社会化网络服务)、微博等都不失为编辑获取社会热点的好渠道。

4.如何从发行人员处获取信息

①与本单位市场营销和销售人员保持密切联系,直接获得每种图书的实际销售情况。此外,从发行人员那里也可以了解读者的需求,有时能让编辑很快捕捉到选题信息。

②多听取发行人员的建议,如"挂图"产品在运输中容易出现压损、销售时卷筒类的挂图扫码困难、图书配盘易丢失和带来销售过程复杂的问题。编辑在图书策划阶段听取并综合考虑发行人员的建议,就可以更加合理地设计产品细节,避免日后出现问题。

5.如何从作者处获取信息

充分利用各种拜访作者、出差和编写会议、专业会议的机会,可以获取有价值的选题信息。作者资源的管理和开发,是每位编辑都应认真学习并深入探讨的课题。编辑如能与作者建立起紧密稳定的纽带关系,作者的出版意向及其他出版信息会最先传到策划编辑这里。

出版业的变革对出版人提出了新的要求,编辑工作不仅仅是传统意义上的选、组、审、编,而是要将视野扩展到图书生产经营的整个流程,包括选题规划与设计阶段、文字加工与审校阶段、图书成书与推介阶段。编辑要关注上面各个环节,进行图书的全程策划。

6.本出版社的资源和品牌优势、市场定位是什么

如果法律类出版社的编辑要开发餐饮食谱类图书,那结果会怎样?也许选题在论证阶段就遭封杀或者即使出版后发行量也会很惨淡。编辑首先应弄清自己出版社的小环境,了解所处单位的品牌特色、人力、财力和物力情况,以本出版社自身提供的平台为依托,以出版社的整体选题规划为前提,进行科学选题策划;扬长避短,充分体现本社在出书范围方面的学科优势和资源优势,最大限度地发挥本社对于竞争者的比较优势,以便制订编辑个人的中长期选题规划。

7.个人选题产品线的整体规划和图书定位是什么

选题策划禁忌"散、乱、杂"的局面,无论出版社还是编辑个人都要引起重视。编辑应对未来发展有清晰的定位,制订中长期的选题规划,而个人产品线的整体设计应紧密围绕本社的市场定位。知名的"金黎组合"定位明确,确定了他们做畅销书的四条主线。一是名人书;二是著名作家的文学书;三是青春文学;四是非文学类图书,像刘墉的励志书,卢勤的《告诉孩子你真棒》,还有养生类图书曲黎敏的《从头到脚说健康》。经过几年发展,如果策划编辑还是对自己选题方向认识不清,未来的发展将大打折扣

……

（陈燕杰,李丽.选题策划需要关注的十大问题[J].科技与出版,2010(09).作者稍作删改）

模块4

出版选题创意

学习目标

知识目标

1.了解各类出版选题类型；

2.熟悉不同出版选题特征；

3.熟悉经典出版选题案例；

4.掌握不同出版选题创意要点。

能力目标

1.能分析不同出版市场状况；

2.能分析出版选题创意优劣；

3.能根据已有信息提出选题创意；

4.能不断提高自己的创新意识和创新能力。

任务 1   大众类图书选题创意

【思考】

《藏地牛皮书》自 2002 年 1 月出版以来,几乎囊括了国家、地方以及各大媒体颁发的主要图书奖项,如:第 14 届中国图书奖、2002 年度全国优秀畅销书奖、2002 年十大原创书奖、2005 年度"中国最美的书"等。至今,这本书对自助进藏旅行者产生着不可估量的影响,许多人已将这样一本明黄色调、四周刷黑边的方砖形的书奉若藏地旅游的指导圣经。然而,这本书的出版过程却不是很顺利,曾经被三家出版社拒绝……

阅读上述文字,查阅这本书编辑出版过程的相关信息,思考本书创意策划的成功之处。

4.1.1   大众类图书选题的类型与特征

一般大众类图书通常涉及大众的日常生活、休闲阅读以及文化体验,包括文学类和非文学类。

1）文学类选题

文学作品以不同形式表现内心情感,再现社会生活,拥有超越功利的精神价值。阅读文学作品是人们获得审美体验、慰藉心灵的重要途径。以大众读者为对象的大众文学类图书具有通俗化、大众化和商业化的特点。

2）非文学类选题

这部分主要是指生活类图书,即内容主题和生活密切相关,反映人们为生存和发展而进行的衣、食、住、行、用、保健、休闲等方面活动的图书。这类图书可以指导人们的生活消费,普及生活中的科学常识,帮助人们提高生活质量,掌握生活应用技能等。这些生活类图书具有实用性、知识性、指导性和时尚性等特点。

4.1.2　大众类图书选题创意

熟知大众文化思潮和当下生活热点是进行大众类图书选题策划的基础,善于捕捉大众阅读兴趣和社会生活方式变化的信息并能找到创造性的表现方式是大众类图书选题创意的前提条件。一般而言,文学类选题和非文学类选题创意的着力点有一定区别。

1)文学类选题的创意

对于原创性文学而言,策划者的选题创意更多地体现在对于作者的创作成果的认识、理解和出版价值的提升等方面,是对策划人员的敏锐性、判断力和创新意识的综合考验。一个偶然的机会,著名出版人汤姆·麦奇勒看到一些纸片上手写的诗和素描,并了解到披头士乐队核心人物约翰·列侬有写东西和画画的爱好时,立刻就有了选题创意。那些原本只是出于个人爱好的"涂鸦"之作最终成了超级畅销书《约翰·列侬自己的写作》,而这本书使音乐天才约翰·列侬在文坛获得一席之地,也为策划人的职业生涯添上了绚丽的一笔。

非原创性文学选题是对相应文学作品的整合加工以增加其内涵,这类选题的创意工作则要求策划人具有敏锐深刻的市场洞察力、较强的文化整合能力、创新意识和良好的沟通技巧。无论是 20 世纪初期的"中国新文学大系",还是新时期的"布老虎丛书",无不体现策划人的雄心壮志和编辑智慧。

综合来看,进行文学类选题创意,策划人员需要注意以下几个方面:

(1)把握时代脉搏,熟悉大众心理

出版人需要有传承文化的崇高使命感,更要有识别文化需求的能力。大众文学类选题尤其需要策划人把握时代脉搏、社会动态和大众阅读心理等,适时寻找、选择能够满足需求的文学作品。出版工作源于阅读需求,阅读反映人们的心理需求和社会文化发展动态。因此,反映当下人们心理需求的作品能够快速畅销。近几年,畅销国内并迅速走向世界的《于丹〈论语〉心得》就是一个经典案例。虽然争议不断,但是于丹对于《论语》的解读在一定程度上有助于现在的人们摆脱各种压力,满足内心对安宁与幸福的需求。

(2)认识作品意义,提炼出版价值

编辑是作者和读者联系的纽带。熟悉读者心理需求是策划人的一个工作重点;另一个重要工作就是熟悉作者、作品,能够进行准确的价值判断。被英国《书商》杂志(The Bookseller)评选为 20 世纪最有影响的十大人物之一的汤姆·麦奇勒是著名的出版人。他在 40 多年的出版生涯中,出版了加西亚·马尔克斯、多丽丝·莱辛、聂鲁达等10多位诺贝尔文学奖得主的作品,重要的是——这些作家大多数是之后获得诺贝尔文学奖的,汤姆·麦奇勒对作品非凡的判断力,由此可见一斑。

当然,明确了出版价值以后,还要寻求适当的表达方式。这要根据读者来决定,一般来说,面向普通大众的文学类图书要通俗易懂又符合普遍的阅读心理。

【案例】

传奇背后的故事——林海雪原

图4-1 《林海雪原》

1956年10月的某一天,龙世辉从组长那里抱来厚厚的一大摞原稿。打开一看,稿名是《林海雪原荡匪记》。稿纸有大有小,每一叠用不同颜色的碎布条拴着,字儿不好认。初读这份稿件,龙世辉并没有很大兴趣。然而,当他耐心地一页页往下翻时,却不禁被书稿中祖国壮丽山河的雄伟画面、林海雪原特殊的生活气息以及曲折惊险的故事情节深深吸引。从书稿并不规范的字里行间,龙世辉捕捉到一股浓郁的传奇气息,从而判断出这是"一枝奇葩"——一部将革命现实主义和革命浪漫主义结合的有市场潜力的小说。

这一判断是与当时的时代背景紧密相关的。新中国成立后,以前出版市场上盛行的章回体小说(如公案及剑侠小说)等旧小说被视为封建糟粕予以处理,1955年7月27日的《人民日报》发表了'坚决地处理反动、淫秽、荒诞的图书'一文,指出"适合于水平低的读者阅读的新的通俗读物的出版发行也很不够,以致市场上有毒害的图书并未彻底清除"。面前这部《林海雪原荡匪记》,一方面具有结合了传统艺术形式而形成的民族风格,使小说能投合一般读者已成习惯的阅读趣味;另一方面,它讲述的是解放军的传奇故事,塑造的是革命英雄人物形象,正好与当时《人民日报》要求出版机关"注意对水平低的广大劳动人民进行宣传教育"的口号不谋而合。鉴于此,龙世辉敏锐地抓住了这个出版市场的空白点,感到若能及时将它推出,可有望取代旧小说的读者市场……

(何颖)

2)非文学类选题的创意

本书所说非文学类选题主要指生活类图书选题。生活类图书主要包括保健、自助、科普、理财、休闲、励志、旅游等展现生活方式和休闲娱乐内容的产品,涵盖人们日常生活的方方面面。随着物质生活水平的不断提升,现代人要求更高的物质、精神生活质量和更多元的生活方式。于是,各种类型的生活类图书应运而生,成为畅销,甚至常销产品。这类选题创意需注意以下内容:

(1)走进生活,贴近读者,开发生活指导用书

生活类图书选题来源于生活,并用于指导生活。因此,贴近读者、注重实用是策划生活类选题的一个重要主导思想。从解决生活中的吃、穿、住、行等方面存在的问题出发,发现能有效改善生活面貌、提高生活质量的方法。随着人们物质生活水平的逐渐提高,如何更有效地提升生活质量的生活指导用书越来越受欢迎。近几年,关于饮食、家居、保健等方面的出版产品持续增长,有些产品还畅销一时,甚至常销,这说明这些选题前景广阔。开发这类选题要注意三点:一是针对相关读者实际生活需要设计选题;二是选题内容的设置以及表达方式的选择都要考虑方便读者理解、掌握、应用;三是内容和组织形式方面的创新必不可少。

【案例】

妙解家装焦点问题,提供实用装修攻略

装修对每个家庭都是高风险、高投入的大工程,既是体力活也是脑力活。当代中国出版社 2011 年 11 月出版的《装修前不看会哭的 50 堂课》汇集了搜狐家居装修达人的家装智慧和实战经验。此书内容真实、专业、实用,语言诙谐幽默,成为一本广受好评的家装指南。具体来说,本书有如下看点:

看点 1:装修指南也能这么有趣

拒绝枯燥,拒绝死板,装修指南也能跟小说一样好看!装修笨鸟的囧事糗事 + 装修达人的不传密经,每篇稿件都配有创意漫画,风趣幽默,轻松畅快。

看点 2:揭开家装市场云遮雾罩的潘多拉盒子

怎么挑选建材?哪些花费根本就是不必要的?如何监督装修进程?怎么审核与家装公司的合同?装修之前先看这本书,少花钱、少受气!

看点 3:一本最专注于不可忽略的装修细节的实用之作

市面上的装修指南给理论、给设计、给情调、给方案,却不告诉读者,好多细节稍不留意就会悔恨终生!本书点醒读者装修前最容易忽视却麻烦大大的细节,越早看到本书,后悔越少,受益越多!

看点 4:不忽悠,草根真实可复制

图 4-2 《装修前不看会哭的 50 堂课》

没有太豪华,也不会太寒酸,都是些适合白领阶层的、亲民实用的"装修案例"加"经验谈"。每一则装修失败案例你都可能遇到,每一堂装修经验课你都可以马上用来实践操作。

(2)洞察大众心理,开发娱乐休闲读物

随着我国经济文化的发展,人们的物质生活水平逐步提高,但生活节奏的加快,生活压力的增大,使很多人在阅读生活类图书,特别是休闲娱乐类的图书时更多地想要获得一种轻松愉悦的审美体验。生活类图书的整体设计要符合大众的审美取向,追求时尚与个性是这一类选题的一个明显特征。另一方面,很多生活类图书本身也是作者的独特思想、生活经历或生活方式的具体展现,个性化的表达避免千篇一律,使读者眼前一亮,满足求新、猎奇的心理。因此,一些诸如旅游、休闲类的读物因其能够很好地满足读者提升生活趣味和文化内涵,了解多种生活方式的愿望而备受欢迎。相对其他类型产品,生活类图书设计应该是从大众的心理特点出发,把握大众审美的行为,对时代美具有特别的美感。同时,越来越多元化、个性化的审美心理要求生活类图书的设计者不断创新,创造出反映图书的深层内涵,能够引起读者强烈共鸣的作品。

【案例】

牛书·牛人·牛眼光——《藏地牛皮书》

图4-3 《藏地牛皮书》

2001年8月底,编辑部接待了扎着马尾辫的作者一直,从他一身帆布行装和旅行皮鞋来看,绝对是一个行走天涯的旅行者。可以想象,来谈的书稿一定与旅游有关。说实话,对个人英雄主义式的游记类旅游书,我内心是有抵触的,因为这类内容往往会很自我,它会忽略读者的接受意愿,会造成读者的反感。可当一直一口气将已经完全设计好的40来页样稿在我面前一一展现后,我的心被掏走了,我被眼前这几十页具有颠覆传统书装意义的样张给镇住了。粗野的线条符号、扭曲的文字编排、沧桑的人物表情、神秘的宗教法器、清亮的神山圣湖,简直让人爱不释手。我心想这样一本独特的好书不能让它从我手边轻易溜走……

《藏地牛皮书》(见图4-3)是一本形成在作者旅行路上的书,但它又区别于一般意义上的旅游介绍书,因为它的设计理念始终体现了人文关怀。比如那两个很显眼的小孔,就是为防止书页脱落而备用的装订孔,书里尽可能周详地介绍每一条旅行线路,有的线路地图是作者精心手绘的,作者甚至没有放过一碗面的价格。对于一个即将踏上藏地的旅行者来说,这是一本不可多得的旅行指南,而对于暂时不能去的人来说,它又是一本领略极地风光、感觉藏地文化的休闲好书⋯⋯

(林栋)

【本节要点】

1. 大众类图书选题类型与特征。

2. 大众类图书选题创意要点。

【思考实践】

分小组根据上一阶段对某出版领域的信息收集与分析,有针对性地提出选题创意,并初步形成选题策划报告,着重展示选题构思和创意亮点。

任务2　专业类图书选题创意

【思考】

20世纪70年代末,上海科技出版社在原有《医师进修丛书》的基础上,遵循不重复、不硬拼、审时度势、另辟蹊径的选题思路,编辑出版一套以医学专科或分支学科为主体的论著,冠名为《医师文库》(Doctor's Library)。30年来,经过不断地筛选、充实,《医师文库》成为医药院校毕业的在职医师、药师,以及教学与科研人员的必备之书,被医学界誉为长效、优质、系统、实用、涵盖面广的医学专科论著。其中多种图书不断修订,多次重印,常销不衰。

阅读上述文字,查阅该文库编辑出版过程的相关信息,思考专业类图书产品的特点及文库创意策划的成功之处。

4.2.1　专业类选题类型与特征

专业出版是指与职业和行业有关的出版。在国际出版界,专业出版以职业和行业为分类标准,通常包括财经、法律、科技与医学四大类。这四大领域分别对应相关行业和职业,由于从业人员多,社会影响大,因而成为专业出版的重要市场。同时,每一专业出版领域又都涵盖了众多细小门类,如科技类包括化工、电子、航空、建筑、机械等工程学科以及物理、化学、数学、生物学、计算机科学等基础学科和应用学科。

专业类选题包括专业职业类选题和专业学术类选题,这两类选题同时具有如下特征:

1)读者对象稳定

对行业和职业相对应的专业出版包括行业性专著、学术性专著和专业性工具书等,为行业人员从事专业工作、研究、教学等提供帮助。专业选题的读者对象主要是某一行业的研究者、从业者和学生,市场较为狭小但相对稳定。所以,专业选题的市场定位相对比较准确,后期营销运作更有效。

2)专业化程度高

相对于大众出版来说,专业出版的专业化程度较高。专业的读者对象和专业出版的功能决定了专业选题的作者必须具有较高的专业水平、科研能力和一定的写作水平,专业选题的论证也需要专业领域的权威专家进行,专业选题的策划和整体运作也需要具有专业素质和学术素养的出版人员实施。

3)市场划分精细

从市场竞争和专业出版特性的角度出发,对市场进一步细分往往是专业出版的首要工作。开展定位精确、专业性较强的业务成为专业出版机构的制胜法宝。针对细分后的市场,专业水平较高的出版机构能够集中精力,深入开发产品。确保所开发产品:在内容上,做深做透;在形式上,契合不同层次、不同年龄、不同购买力甚至不同兴趣读者的需要,以此形成品牌效应。

4.2.2 专业类图书选题创意

专业类出版以相应职业和行业为背景,因此,深入了解职业和行业特点及学科发展进程为编辑工作第一要务。明确的读者定位与较强的专业性要求专业类图书选题注重应用,反应学科研究价值与水平。如上所述,专业类出版选题可以粗略分为专业职业类选题和专业学术类选题,两者应有所侧重。

1)专业职业类图书选题创意

此类选题针对某种行业或职业岗位的具体要求而设计,目的是使得相应人员获得专业岗位必需的专业知识、技能和职业素养。鉴于此,专业职业类选题的创意可以从如下几点展开:

(1)面向行业认证,开发考试用书

重要专业出版领域如财经、法律、医学和科技等因其社会影响重大,往往实行资格准入制度,即从业人员必须通过相应的行业资格认证考试,获得从业资格证书方可从事相应工作。因此,从业人员必须通过专业学习与培训,掌握相应专业知识与技能。这对于专业出版领域来说,是个绝好的市场机会。当然,开发专业考试用书必须注意两点:首先,争取权威人士,明确考试要求;其次,分析读者需求,理论实用兼备。例如:法律出版社、中国财政经济出版社等分别在国家司法考试和会计职称考试用书的出版领域占得先机,并通过长期不懈的努力逐渐树立品牌,成为所在领域的佼佼者。

【案例】

注册会计师全国统一考试分为专业阶段和综合阶段两部分。专业阶段主要测试考生是否具备注册会计师执业所需要的专业知识,是否掌握基本技能和职业道德规范;综合阶段主要测试考生是否具备在职业环境中运用专业知识,保持职业价值观、职业道德与态度,有效解决实务问题的能力。

为更好地指导考生专业阶段的复习和学习,2013 年春,中国财政经济出版社出版了中国注册会计师协会编写的专业阶段《会计》《审计》《财务成本管理》《公司战略与风险管理》《经济法》和《税法》考试辅导教材,以及与之配套的《经济法规汇编》。另外,分科编印了近两年专业阶段考试的试题和参考答案,供考生复习

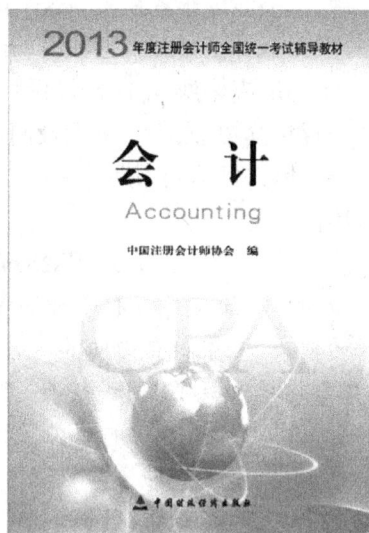

图 4-4 2013 年度注册会计师
全国统一考试辅导教材——《会计》

和学习使用。这套教材以体现注册会计师考试改革总体目标为宗旨,以读者基本掌握大学会计等相关专业本科以上专业知识为基础,以全面性与系统性、实用性与时效性并重为原则编写而成。教材出版以后,受到广大考生的热烈欢迎和普遍肯定。

(2)面向专业培训,开发专业用书

专业从业人员需要不断学习业务知识和技能,相应的专业学习书籍或者工具书更是少不了。此类选题必须注重实用性和可操作性,如此才能使现实或者潜在的从业者快速掌握专业知识和技能。发现行业或岗位工作中的实际问题,整理出

权威有效的解决办法是这类选题创意的出发点和归宿点,正是在这种思想指导下,才有了获得"中国图书奖"的《临床护理全书》《现代临床医学辞典》等精品图书。开发此类选题,需要注意两点:一是关注行业或者学科发展动态,敏锐构思;二是编辑思路清晰,特色鲜明,注重实效。例如新刑法颁布后,中国人民公安大学出版社组织人员编写了《办理刑事案件操作实务与疑难问题解答》,适用于刑侦、治安等多警种,该书出版后获得好评,累计销售达17万册。

(3)面向非专业人群,开发科普读物

出于普及科学知识和拓展专业出版领域的需要,近些年,一些旨在增加专业人群阅读情趣和向非专业人群普及专业知识的选题逐渐多了起来,且市场反应良好。1998年,由我国著名经济学家茅于轼先生撰写的《生活中的经济学》在暨南大学出版社出版,该书通过作者在美国这个市场经济高度发达国家中生活的点滴经验,说明市场经济是如何运作的,把深奥的经济学还原为浅显易懂的事理常规。此书出版以后,市场反应热烈,不断修订再版,在2007年被评为"我最喜欢的一本书·首届百种优秀青年读物"之一。毫无疑问,这类选题需要深入浅出,集知识性、趣味性、可读性于一体方可达到预期效果。

【案例】

让知识变得有趣——《图说法学》

为帮助普通读者学习和掌握法学知识,理解秩序的意义、平等和自由的真谛。2009年4月,华文出版社出版了"图说经典"系列之《图说法学》,这本书采用直观的图文呈现手法,引入"图说"理念,用通俗易懂的叙述语言讲述法学的发展历史,记录法学名家的人生历程,阐释法学的重要理论,文字深入浅出,注重科学性、文化性和趣味性的统一。书中近200幅精美图片(人物画像、著作书影、文物照片、历史背景图等),与文字相辅相成,在展示法学世界博大精深的同时,给读者以强烈的视觉感受和广阔的想象空间。此书新颖的版式设计等多种视觉元素的有机结合,营造出一个具有丰富文化信息的多彩阅读空间,使读者在轻松愉悦的阅读氛围中跨越历史的间隔、文化的差异、专业知识的障碍,更快更好地掌握必要的法学知识。

图4-5 《图说法学》

2)专业学术类图书选题创意

学术出版属于专业出版的领域,是专业出版的一个重要方面或者是一个专门领域。学术产品就是学术研究成果的基本载体或者是基本的实现方式之一,原创性、前沿性是其最基本的特征。学术图书涉及的领域十分广泛,涵盖自然科学和人文社会科学两大类。学术编辑不只是一个加工者,且应具备很高的专业素质,应当是某一个领域的专家,要具备与作者对话的能力,只有如此才可能有思想的交流、判断和提升,也才能实现学术的一切为了思想的目标。专业学术类选题的创意可从如下两点展开:

(1)打捞学术经典,传承人类文明

学术作品应该是人类文明的经典呈现,经典的意义在于其独特的传承价值。进行专业学术出版,传承人类文明成果,以期影响当代和后世,这是专业出版人的终极追求。三联书店的"西方现代学术文库""宪政译丛""学术前沿",译林出版社的"人文与社会译丛",商务印书馆的"汉译世界学术名著"等都是出版者站在不同时代的高度精心策划的经典之作。

这类出版项目往往要求高、规模大、周期长,需要权威的、稳定的学术团队实施。因此,致力于专业学术出版的出版机构往往通过跟相应学术团体合作,成就不凡业绩。当年,商务印书馆成长为国内首屈一指的出版机构后,张元济作出的一项重大举措,就是积极谋取与国内高等学府、社会团体建立民间性质的结盟关系,通过合作出版新书的形式,发挥文化企业在推动新思潮启蒙、促进学术文化事业方面的积极作用。

(2)放眼科学前沿,发掘学术精品

在科技飞速发展的今天,我们需要有更多的学术作品推动科技进步,发现并策划出版成熟的、具有较高传播价值的最新学术成果是推动科技进步的重要途径。毫无疑问,学术精品佳作的发现、开发,需要编辑的专业慧眼和不懈追求。1989年,由安徽科技出版社出版的《生态学的归宿——人类生态学》获得第四届中国图书奖一等奖。然而,该书的出版过程却颇为曲折,担任此书责任编辑的胡春生通过对国内外同类作品的深入分析和与作者的多次交流,敏锐地发掘了这部作品的学术价值,从而开启了我国在这一领域的科学研究新篇章。

【案例】

尊重人才,尊重科学

甘当作者铺路石和好书的"接生婆"

在长期的工作实践中,我学会了辨认哪些作者是有条件并善于开创性研究,哪

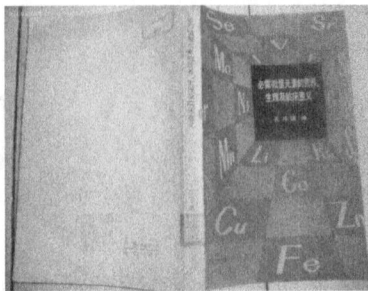

图4-6 《必需微量元素的营养、生理
及临床意义》

些作者只满足于文献综述式的研究,哪些是学科前沿的热点,哪些是学科间正在成长的分支汇合点。只要有真才实学的人才,我不问他当时的处境和职称,我都支持、鼓励,为他出谋划策,直到著作问世。

比如孔祥瑞教授,"文革"后期他来出版社与我第一次见面,还在宣城乡下改造中。他衣衫褴褛,手里的一卷实验记录还是普通信纸上的一串串人体内铜、锌、铁、锰等微量元素的化验数据。在坎坷的生活中,他锲而不舍地进行这项研究,是个科学领域的苦行僧。我鼓励他把研究进行下去,把成果总结出来,科学的价值是客观存在的,总有发表的机会。邓小平复出以后,他又来看我,说是上次因到北京上访,被农村干部作为邓小平包庇的右倾翻案分子而遭到毒打,整理出来的第二稿被烧毁了,现在交来的是第三份。我认真修改了此稿,实事求是地以《必需微量元素的营养、生理及临床意义》(见图4-6)的书名于1982年出版,这是当时国内外第一部这方面的专著,1983年被评为全国优秀科技图书奖,从此"微量元素"渐渐引起全国医药界的注意。老孔经原单位落实政策,回上海二医任教授,主持微量元素研究室的工作。当上海的记者为他的著作获奖而采访他时,他谦虚地说:"应该表彰的是安徽科技出版社的任弘毅同志,他在编辑出版这本书中所表现出的高尚品德,使我终生难忘。"(见1983年12月19日《光明日报》)至今我还在等待他完成《医学微量元素学》,准备担任其责编。

(任弘毅,安徽科技出版社原总编辑)

【本节要点】

1.专业类选题特征与类型;

2.专业类选题创意要点。

【思考实践】

分小组根据上一阶段对某出版领域的信息收集与分析,提出某专业出版领域的科普选题创意,并初步形成选题策划报告,着重展示选题构思和创意亮点。

任务3 教育教学类图书选题创意

【思考】

　　由外研社和汤姆森学习出版集团合作出版的《汉语900句》是一套为海外汉语初学者编写的多媒体实用口语教材,旨在使读者在较短的时间内,以轻松、有趣的学习方式,掌握基本的口语会话,迅速提高汉语交际能力。因其准确的市场定位和创新的出版形式,《汉语900句》产品刚刚问世,就得到了世界各地出版商的青睐,俄罗斯、韩国、马来西亚等国的出版社纷纷表达了合作意向。2006年10月4日,法兰克福书展开幕当天,外研社和汤姆森学习出版集团联合主办了"《汉语900句》新书首发式暨全球合作出版签约仪式"。当天,出版方宣布联合出版发行《汉语900句》日语、泰语、西班牙语和葡萄牙语4个语种的版本……根据版权输出协议,该书不久以后就会以英、法、德、日等14个语种出版,成为中国出版代表团"走出去"工程中浓墨重彩的一笔。

　　阅读上述文字,查阅该书出版过程资料,思考教育教学类图书产品的特点及本书创意的成功之处。

4.3.1 教育教学类选题类型与特征

　　教育教学类选题主要面向学习、教育及培训,通常以知识深浅程度和门类为分类标准,主要分为基础教育出版和高等教育出版两大门类,各层次的助学读物和终身学习读物同时涵盖其中。基础教育出版和高等教育出版各自都可按学科和课程细分,前者的知识性、计划性较强,后者的学术性、系统性更重。教育教学类选题,尤其教材,是国家意志、民族精神和科学文化知识在教育行为中的集中体现,它包括了教师教育过程中所利用的主要素材和基本手段,在教育教学中具有极其重要的地位和作用。因此,任何一个国家对教科书的重视程度都远远超过其他任何类型的出版产品。出版业发展的第一步,往往开始于教科书出版,商务印书馆、中华书局等近代知名出版企业无不以教材出版支持国民教育,以开启民智、救国图强。

　　教育教学类选题具有如下特征:

1）规模化

如上文所述,教育教学类选题出版主要是针对在校学生的,关乎社会进步、民族发展大计,也是每个人成长和全面发展的基础条件。因此,教育出版的特殊地位无可替代,也必然注定其知识性、规模性。纵观国内外出版业发展历史,教育出版一直是很重要的一块,我国尤甚。基于此,教育出版一度是出版业发展过程中的支柱,长此以往也容易造成出版结构失衡的局面。

2）标准化

教育教学类选题策划与出版是国家教育体系的一个重要组成部分,与社会发展状况、国家教育方针和政策及文化发展趋势关系密切,因而具有较高的进入门槛和严格的时间以及程序要求。这一特点在基础教育教学类出版方面尤为突出,必须依据教育部发布的课程标准编写,需要通过立项申请,编写之后还要通过教育部及相关部门的严格审查才能出版发行。

3）系统性

针对现实或潜在目标群体的教育教学类选题应着眼于人的全面发展,因此,不能简单局限于知识传授,应考虑服务对象的身心全面发展的内在要求,着眼于目标群体的自我成长与未来发展。近两年,民国课本重新出现在人们的视野中,并广受好评,很快售罄。在很多人看来,百年前的老教材有我们至今无法超越之处。

【案例】

百年中国"人"

如图4-7所示,这是辛亥革命后出版的第一种新编小学教科书,包括初小和高小的《新国文》和《新修身》。那是在白话文运动之前,所以还是文言文。而其内容,从今天的目光看,还远未过时,其观念甚至可以被认为"超前",有些仍属犯忌的"敏感"话题。翻开首页的"编辑大意",就令人精神为之一振。高小课本的"编辑大意",第一条开宗明义:

一、注重自由、平等之精神,守法合群之德义,以养成共和国民之人格。

图4-7 《共和国教科书》

二、表彰中华固有之国粹特色以启发国民之爱国心。

三、矫正旧有之弊俗,以增进国民之爱国心。

四、详言国体政体及一切政法常识,以普及参政之能力。

……

课文内容由浅入深极为丰富,囊括了天文、地理、中外历史、科学知识、日常生活、器物常识、实用技能(如"簿记"、各种书信体等)、国家政体以及伦理道德、待人接物,等等。贯穿其中的是"共和国国民"的精神。课文之外,还有为教师准备的《教授法》,难以一一尽述,只能根据自己的主观感受,提出特别打动我的几点:

1.第一册,第一课,赫然一个"人"字。配图七个人,显示一家三代男女老少,包括怀中婴儿。一个"人"字如何讲满一堂课?《教授法》中从各个方面加以说明,除书写、读音外,列举具体的人的不同特点,和抽象的人的共同概念,有个性、有共性,还有人与动物的异同。画龙点睛之笔:人之区别于鸟兽者,为"读书明理"。试设想,一个小学生第一天背着书包上学校,进入脑海的最初知识,就是对"人"的认识,接受了读书的必要性和读书的目的:"明理"。而且初步接受了抽象思维的方法,由此奠定走向做文明人的出发点。

2.初级课本中充满了日常生活常识,由家庭到社会,而且兼顾农村和城市的生活环境、劳作方式,接近自然,不唱高调,不矫情,不煽情,符合儿童心理。兼顾识字释义,由易入难,穿插其中多有花鸟鱼虫、美景、游戏,活泼而有情趣。不知不觉间培养一种健康、卫生、勤劳的生活方式,尊重劳动的观念,文明礼貌待人接物的作风,还有美育、趣味、情操的熏陶。

……

(资中筠,著名学者)

4.3.2 教育教学类图书选题创意

教育教学类选题出版过程可以说是高标准、严要求,同时,此类出版市场机会也在不断增长。教育事业的快速发展,面向在校生的教育教学类出版需求日益升高;随着科技与社会的快速发展,人们需要不断获取最新的知识和技能或者适时合理地调整自己的知识结构——终身学习的理念逐渐深入人心,在这种情形下,各种层次的助学读物和教育培训用书越来越受欢迎。

鉴于此,教育教学类选题的创意可以从如下几点展开:

1)吃透大纲,创新体系,开发公共基础课教材

如前所述,无论基础教育教材还是高等教育中的公共基础课程都要依据教育部颁发的课程标准或教学大纲。作为标准化、模式化很强的出版领域,必须严格出版程序。选题策划是第一个环节,只有吃透大纲、开发适应教育教学要求的教科书

才能获得通过,也才能最终占领市场。同时,从服务教育教学的角度出发,公共基础课程教材选题创意应注意三方面的内容:一是深入分析不同消费者之间的差异,处理好统一标准与具体需求的关系;二是做好教材使用者的后援,教材创意之初就要积极吸纳相应教师的建议和意见,教材使用过程中,做好教师的培训和指导工作,以最大限度提高教材的使用效果;三是以教科书为核心打造开放性交流平台,使用教材的目的在于获得知识,或者更好地学习。以教材为中心打造开放性交流平台能够营造学习氛围,促进交流学习,提升学习效率。

【案例】

从一部教材到一个产业链

1985 年 2 月国家教委颁布的《大学英语教学大纲(高等学校文理科本科用)》较之前的公共英语教学大纲有了重大的改变,有些要求和内容基本上是颠覆性的。当时的教材无法满足新大纲的要求,亟需编写出版一套以新大纲为依据,能满足教学需求的新教材。

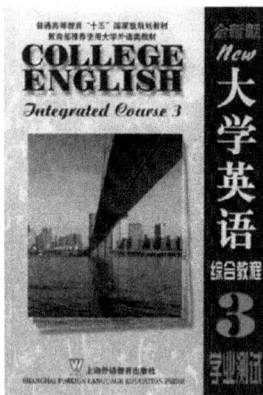

普通高等教育"十五"国家级规划教材
New
COLLEGE ENGLISH
Integrated Course 3
大学英语
综合教程
3
学业测试
SHANGHAI FOREIGN LANGUAGE EDUCATION PRESS

图 4-8 《大学英语》

由国家教育部组织,全国六所著名高校分工编写的《大学英语》(见图 4-8)系列教材由上海外语教育出版社出版发行。1986 年出版试用本后积极推广,同时,广泛听取各方意见。6 年之后,推出体系更完备、质量更可靠的正式本,并根据出版补编《大学英语》精读预备级 2 册、泛读 2 册,以满足起点较低的学生的需要,高起点的学生可以从第三册开始学习。1998 年,根据新修订的教学大纲推出《大学英语》修订本,同时与中国科技大学合作开发《听力》教程的多媒体教学光盘,很多学校看完演示后,爱不释手,纷纷选用……

2004 年教育部颁发的《大学英语课程教学要求(试行)》明确提出了新的教学模式:实施基于计算机和课堂的英语多媒体教学模式,开展网络教学,并明确了网络教学要借助计算机的帮助,较快提高英语综合应用能力,达到最佳学习效果。外教社和主编们在此基础上,开展了《大学英语》再一次的修订工作,以保持教材的科学性、先进性和适应性。2006 年,外教社正式推出《大学英语(第三版)》,与纸质教材一起推出的还有多媒体教学与辅导助学光盘、助教光盘、电子教研、MP3 光盘、大学英语分级试题库、大学英语口语考试系统域网产品等,同时开发大学英语网络课件,外教社大学英语教学网等网络产品。教材实现了由单一的纸质教材向立体化(CDROM、MP3、DVD)、网络(数字)化迈进,极大地增强了大学英语新的内涵,注入了很大的活力……不断地创新使得教材先后荣获全国高等学校第二届优秀教材特等奖、国家教委高等学校第二届优秀教材一等奖,被评为国家级精品教材、教育部大学英语类推荐使用教材,分别被教育部列入"十五""十一五"国家级规划教材。全国逾千所高校先后选用该系列教材,20多年间,发行近5亿册,销售码洋近20亿元人民币。

(庄智象)

2)整合资源,树立品牌,开发专业课程教材

教育出版因市场需求的规模化、稳定性而备受关注,这对注重产品个性化的内容产业市场来说尤其可贵,也有助于教育出版进行品牌化运作。基础教育出版和高等教育出版领域中的公共基础课程一般有统一的课程标准要求,高等教育出版中的专业课程教材更注重专业学科领域的研究成果。因此,专业课程教材强调学术研究的权威性、前瞻性和教学过程的适用性、有效性。有实力的出版机构应有效整合学科领域资源,开发专业课程教材,形成品牌号召力。进行此类选题创意应注意如下三点:一是熟悉自身优势出版领域,了解强势领域出版及需求动态;二是联合学科领域权威专家,确立选题质量标准;三是整合优势出版资源,进行品牌化运作。复旦大学出版社开发的"复旦博学"系列开创了我国大学出版推出图书冠以品牌的先例。教材以原创性、高质量,以名校、名家、名作为追求,使已出版的"复旦博学"教材在全国高校师生中具有良好的声誉。

【案例】

"复旦博学":一个出版品牌的诞生

2001年,在新世纪的第一个年度,在建社20周年之际,复旦大学出版社选取校训的开头两字"博学",在工商部门注册为商标,并将品牌教材统一冠名为"复旦博学"——博晓古今,可立一家之说;学贯中西,或成经国之才。

"复旦博学"的实施:选题落实与品牌运作

在完成了对品牌名称的决策后,复旦人拟订了首期的选题开发任务品牌的第一个系列,就是复旦大学以及复旦大学出版社具有优势的新闻与传播学系列,通过这个系列的首批教材,形成品牌教材的包装规格,以此作为其他系列运作的范本。接着,他们先后又推出MBA前沿系列、新编经济学系列、国际金融系列、MPA系列,一齐在沪版订货会上整齐亮相,引起了广泛的关注。

缜密的分析与研究,是"复旦博学"成功的又一个原因

在书稿的选择中,对那些具有原创性、质量高并且有可能成为常销书的品种予以出版。以名校、名家、名作为追求,使已出版的"博学"教材均获得了良好评价,成为教材评选的首选推荐对象。其中如《文艺学导论》获国家级教学成果奖,《中

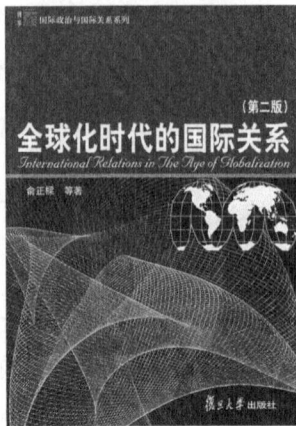

图4-9 复旦博学系列

国当代文学史教程》《西方史学史》获教育部优秀教材一等奖,《中国法制史》获司法部优秀教材一等奖。目前,已经有37种"博学"教材被列为教育部国家级规划教材。

与一流的作者合作,是"复旦博学"成功的又一个原因

现当代文学领域,复旦大学中文系主任陈思和教授是最有影响的作者之一,他从提出"重写文学史"到自己探索重写,有着10年的积累。他主编的《中国当代文学史教程》,被教育部确定为"十五"规划重点教材,并获得了教育部优秀教材一等奖。在制订"复旦博学"计划时,除了这本当代文学史,复旦大学出版社把现代文学史教材的编写任务也委托给陈思和教授,耐心等待他潜心研究,直到他把具有创见的令人耳目一新的教材编好。

(安齐 中华读书报)

3)延伸课堂,助力成长,开发助学读物

相对于教育出版领域中的教材出版而言,旨在增加学习兴趣、提高学习效果和扩展知识面的助学读物出版市场进入门槛低多了,因此,我国巨大的教辅市场庞大而混乱。当然,众多的助学产品中也不乏优秀者:既有针对课堂教学、能够有效提高学习效率的同步辅导类产品,也有助于开阔视野、增加人文素养的众多人文读本。不同于教材,助学读物的着力点侧重于激发学习兴趣、提高学习效率、扩展学习范围。为此,人民教育出版社教学资源部确立了四点研发理念:要以学生的终生发展为宗旨;要让学生在使用教辅时不仅学得巧,还要考得好;处理好应试教育与素质教育、教与学、教材与教辅这三组关系;突出基础性、迁移性、拓展性、趣味性四个特点。

【案例】

高品质助学读物为学习添动力——美国中小学助学读物特色分析

"神奇校车"系列丛书(见图4-10)作为国家新闻出版总署向青少年推荐的优秀图书之一,形式新颖活泼、好玩易懂,深受小学生们的喜爱。该丛书是由乔安娜撰著,美国学者出版公司出版的美国助学读物之一。认真研读这套丛书,可以发现,美国的助学读物呈现出以下特点:

种类多样　定位明确

美国中小学练习册不同于我国，它是在各科的基础上细化为不同主题的练习册。在"为了教师"网站上，S&S学习出版公司罗列了254种助学读物，其中也有针对不同年级的数学练习册，有:《形状》《时间》《统计》《日历》《时间》《数学应用题》《位值》《几何形状》《运动中的数学》等。

设计独特　符合心理需求

美国教育就是要让学生学有所乐、学有所得。助学读物也紧紧围绕上述宗旨设计教学

图4-10　神奇校车系列图书之一

内容及其表现形式。练习册也是如此，真正做到了让学生愿学、会学、爱学。美国练习册并不枯燥，同样也充满了趣味与意义。小学练习册的设计主要是激发学生学习的兴趣，因此题目往往融合了各种活动，以增加他们完成作业的兴趣，同时让学生在各种活动中学到知识。如美国瑞德教育出版公司设计的小学三年级数学练习册中的一个题目:画鱼。它包括了两种活动:第一个活动是四则运算。学生通过进位、换位、加减乘除运算得出答案;第二个活动是画鱼。学生根据前面运算的结果，找到相对应的画鱼说明，然后按照画鱼说明运用几何知识画出鱼的各部分。中学生练习册的题目趣味性虽然降低了，但是题目多是学科知识的拓展，有许多和生活联系的题目。美国芝加哥大学出版的数学练习册中的一道题目是"显示器的分辨率"，它要求学生挑选4种不同尺寸的计算机显示器，根据每平方英寸的像素，计算每种显示器的分辨率。通过每种显示器的价格决定最好买哪一种，将你的信息陈列在一个表格里，写一篇短文说明你的工作并解释你的决定……

（杨翠蓉，中国教育报）

【本节要点】

1.教育教学类选题特征与类型;

2.教育教学类选题创意要点。

【思考实践】

分小组进行市场调查，找出3～5种同类助学读物，分析各自优劣。在此基础上，提出选题创意，撰写选题策划报告，着重展示选题构思和创意亮点。

任务4 古籍类图书选题创意

【思考】

20 世纪 80 年代中期到 90 年代初期,岳麓书社陆续出版《曾国藩全集》,它是以湖南图书馆藏件为主体、以台湾出版的曾氏相关文件为补充校勘的,是两岸文化合作的一个突出成果。就在《曾国藩全集》中的家书部分出版后不久,美国纽约《北美日报》在 1986 年 7 月 1 日发表了题为《还历史以本来面目——评中国重新出版〈曾国藩全集〉》的社论,称赞此次出版"其重要性完全可以和中国发射一枚新的导弹或卫星相比拟"。《曾国藩全集》刊印了一万三千套,在当时也创造了大型史料丛刊的发行纪录。

从 2007 年起,岳麓书社组织省内外一批研究曾氏及中国近代史的专家,对《曾国藩全集》进行修订,同时增补大量新发现的曾氏文字。耗时 4 年辛苦完成的新版《曾国藩全集》,于曾国藩诞辰 200 周年之际首发,再次引起广泛关注。

阅读上述文字,查阅该书编辑出版过程的相关信息,思考古籍类出版产品的含义、特点及古籍整理出版的意义、方法等。

4.4.1 古籍类选题类型与特征

古籍,即古代的典籍,是一个民族历史文化的重要载体。著名学者李一氓说:"古籍既是中国文明的历史标志,则就古籍本身而论,它和其他文化遗产一起,已成为中华民族共同心理的历史积累的基础。因此,整理古籍亦就自然成为我们所特有的丰富的精神生产,成为和中国社会主义物质建设相适应的文化建设,并与中国现代化保有辩证的直接的内在联系。"学术界关于"中国古籍"的定义,可以概括为4 个方面,即:①1911 年辛亥革命以前编撰出版的图书;②1911 年以后至 1919 年"五四"运动以前编撰出版,凡内容涉及古代学术文化,采用传统著述方式,并具有古典装帧形式的图书;③以少数民族文字编撰出版的古籍图书;④外国人在古代中国编撰出版的与中国思想学术有密切关系的著译图书。毫无疑问,这是从时间上进行的界定。在学者黄永年看来,春秋末战国初期,当时学者整理出来的《诗》《书》等"经",以及在此基础上编写的各种"传""说""记"和先秦诸子论著与科技专著是我国最早的古籍,以后收入列朝公私书目属于经、史、子、集的各种著作,在今天也当然被公认为古籍。

从古籍整理的角度来说,古籍可以分为原生古籍、派生古籍、新生古籍和再生古籍。《诗经》《春秋》等从古流传至今的古籍为原生古籍;对原生古籍进行注疏、批评、点校的古籍为派生古籍;新生古籍则指新出土的文献经过整理后,成为比较系统的珍贵资料;再生古籍是失传后,今天重新被发现的文献。

古籍类选题包括着眼于历史文化传承的古籍整理和侧重于古典文化普及的古籍出版,古籍类选题有如下特点:

1)学术性

古籍是无数先贤留给后人的文化宝藏,对古籍进行整理出版事关保存国家命脉、民族文化根基大业。因此,对于古籍的整理与开发应保持严谨审慎的态度,坚持学术性原则。出版命运一波三折的《全宋文》转到上海辞书出版社时,出版社决定以编工具书的姿态和方式来重新校读,在点校质量上再把一次学术关。他们专门邀请在宋代文史方面卓有成就的研究专家和社内外的数十位资深编审,对全稿进行认真的审读。并且在编辑加工中,根据大型古籍工具书的特点,制订了文字规范、表达格式、古今地名等多方面的编辑体例。

2)长期性

古籍类选题出版往往是长期性、规模化的大工程。一方面,由于古籍年代久远,收集整理本身需要耗费很长时间;另一方面,古籍流传中难免会有诸多错讹,选本点校亦会占用很多时间。相对于其他类型的出版选题,古籍类选题出版具有特殊的学术价值和文化传承意义。因此,各个时代都不乏学者和出版人致力于古籍整理出版工作,终生不渝。

3)公益性

古籍整理出版是以维护文化本位为前提的,在文化传承中的地位和作用不言而喻。从传统文化积累与传承的角度,小众化的古籍整理出版活动具有公益性。随着国家对于传统文化出版日趋重视,古籍整理出版获得的经济支持力度越来越大。目前,古籍整理出版专项经费从每年170万元增至每年2 500万元,3亿元国家出版基金也向古籍板块倾斜。

4)专业性

古籍整理加工方式多样、工序繁复。全国古籍整理出版规划领导小组成员黄永年认为,古籍整理加工包括:①选择底本、②影印、③校勘、④辑佚、⑤标点、⑥注释、⑦今译、⑧索引、⑨序跋、⑩附录(见黄永年《古籍整理概论》,上海书店出版社2001年1月初版)。与此相对应,古籍整理出版所需专业人才要求也比较高,他们需要足够的学术功底、扎实的专业技能和坚定的意志。

【案例】

《全宋文》20载"磨剑"史

图4-11 《全宋文》

2006年8月,《全宋文》(见图4-11)一出版,立即震惊中外学术界。专家评价,《全宋文》容量五倍于《全唐文》,在缺乏前人工作基础的条件下修编成帙,实为不易,无疑是中国学者近20年间在古籍整理方面最具价值的建树之一。不管是从收录的作家数量还是从所涉及的学科上看,《全宋文》都是一部史无前例的巨著。《全宋文》共360册,总字数逾1亿,涉及宋代作家9 000多位,而历史巨著《四库全书》也仅收录500多位宋代作家的文章。在全书所收的10余万篇各种体例文章中,不少资料是首次公开发表,95%的作家在此以前未被编入过专集,其中还有不少孤本是第一次披露,颇具史料价值。

《全宋文》资料收集有多艰苦?

《全宋文》于1985年上马,1993年完成校点编纂,1995年完成审稿。其间历尽艰辛,特别是在收集资料阶段。据曾枣庄介绍,整个《全宋文》的编纂工作,是分为准备、普查、校点、编审4个相互交错而又各有侧重的阶段进行的……

《全宋文》出版运作有多曲折?

"《全宋文》从立项到全部出版,整整20年,其间艰辛,一言难尽。"曾枣庄一直微笑着的表情变得有些沉重……

(谢迪南,中国图书商报,2007-06-28)

4.4.2 古籍类图书选题创意

古籍类选题出版致力于经典文化的传承,因此,首先是保证优秀经典文化的留存;其次,在各方条件具备的情况下,开发用于科学研究或者文化普及的古籍类出版产品。对前者而言,重要的是分类汇总古籍,运用先进科技手段将优秀典籍以安全的方式留存,以备后人查询、使用;对后者而言,则要分清对象,针对科研工作者和普通大众开发不同的产品,其选题创意的着力点也不尽相同。下文重点阐述如何开发用于科研和文化普及的古籍选题。

1)面向科研和教学一线,开发古籍类选题

满足供科研和教学人员在科学研究或教学过程中对第一手资料的需求,开发相应古籍类选题。此类选题学术价值高,需要在关键的标点断句和校勘等方面做足工作,以满足读者的实际需求。如前所述,古籍类选题出版学术性强,因此,古籍类选题创意需要学问家的眼光、睿智与执着。此类选题首先需要专家学者共同分析研究,确定具有整理出版价值的古籍类别,择优整理出版;其次,整理、校点、注释务求精细,这部分工作既是古籍整理出版的核心,也直接影响阅读者的科研及应用。

值得注意的是,科学技术的进步也很好地推动了古籍整理与研究工作,现代技术手段的应用可以大大提高古籍整理与研究使用的效率。例如,黄山书社出版发行的综合性大型估计数据库《中国基本古籍库》,共收录自先秦至民国(公元前11世纪至公元20世纪初)历代典籍及各学科基本文献1万种、16万余卷,选用版本12 500个、20万余卷。每种典籍均制成数码全文,并附数据版本及其他重要版本的原版影像。合计全文17亿字、影像1千万页,数据总量约320 G。其收录范围涵盖全部中国历史与文化,是世界目前最大的中文数字出版物,也是中国有史以来最大的历代典籍总汇。该数据库拥有强大的检索系统、完备的功能平台和灵活的纠错机制,可通过多条路径、采用多种方法进行快速海量全文通检,可轻松实现古籍浏览、校勘、标注、分类、编辑、下载、打印等全电子化作业。

【案例】

2010年1月7日,由故宫博物院、安徽出版集团主办,紫禁城出版社、安徽美术出版社承办的《故宫博物院藏品大系》之《雕塑编》《玉器编》(图4-12)《珐琅编》《绘画编》新书发布会,在故宫报告厅举行。

《故宫博物院藏品大系》是我国首次全面清点故宫藏品,并分类整理后的成果体现,是几代故宫人努力的结果。大系从故宫博物院180万件藏品中精选最具典型和代表性的文物15万

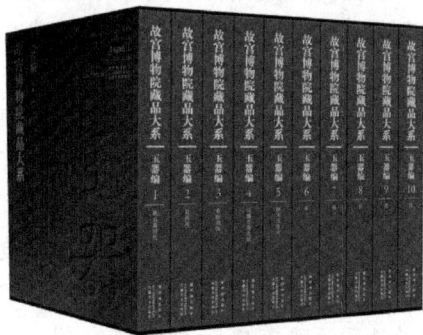

图4-12 《故宫博物院藏品大系》之《玉器编》

件,按照陶瓷、绘画、法书、碑帖、青铜、玉石、珍宝、漆器、珐琅器、雕塑、铭刻、家具、

古籍善本、文房用具、帝后玺册、钟表仪器、武备仪仗、宗教文物等分为26编,总规模预计500卷,如此浩大的出版工程,世界罕见,被誉为"纸上故宫"。本丛书的编辑,体现了学术性、资料性、艺术性原则。

从学术角度而言,《故宫博物院藏品大系》的编排方式,展现了文物分类、断代、定名的诸多研究成果。每编之中,一般按历史时序排列,或进一步细分类别后再按时序排列,突出了历史的脉络和相应时代的代表作;每编的首册,设有丛书总序、凡例,以及概述等提纲挈领的研究文字。

从资料性而言,所有图版均与文物比对核色,最大限度地还原文物真实状况,无论是欣赏还是鉴别,都可以此出版物为标准;编辑体例以图版为主,附名称、尺寸、质地、索引等基本信息;器物有多角度图片,绘画则展示局部细节,真正使故宫博物院收藏的许多"养在深闺人不知"的文物公布于众;文字皆为汉英对照,方便了国际流通和阅读。

从艺术性而言,通过先进的设计、制版印刷工艺,展现文物之美,展现书装之趣,出版物本身也可作为艺术品收藏。

(摘自 凤凰网)

2)面向一般读者,开发经典文化普及读物

整理出版古籍即把古籍中的精华,传统文化中最优秀的东西展示给广大读者。与面向专业研究人员不同,这类选题要找到恰当的切入点和适合的表现方式。换句话说,此类选题必须具有一定的时代性、创新性,与当下的人们产生心灵呼应才能为读者接受,并真正达到经典文化普及的目的。从近些年的"国学热""读史热"中可以看出传统文化在当代的大众阅读中很有市场,当然,古籍出版的一个重要目的也是普及传统文化。因此,开发经典文化普及读物可以说是既有意义又有市场,值得出版人穷尽智慧不断创新,开发越来越多的精品。这些年的出版市场上不乏成功的案例,有解读、有赏析、有选编等不一而足,他们都比较注意阅读对象特征,使作品易读、易懂。大多数成功的作品,做到了内容精练、形式新颖,因而广受欢迎。

【案例】

中国第一部鉴赏辞典——《唐诗鉴赏辞典》

20多年前的某一天,我在图书馆看到一本日本小册子,名为《鉴赏辞典》,其实它只是选了百来首中国古诗,作些词句解释和分析,显然是供爱好中国诗的日本人学习用的。我想:中国古来是一个诗的国度,前人给我们留下了多少脍炙人口的诗篇,我们自己更应该珍惜啊!作为上海辞书出版社古典文学编辑,我暗暗下决心,先从最负盛名的唐诗开始,认认真真编一部《唐诗鉴赏辞典》(见图4-13)。

出版社的社长束纫秋先生和副社长赵超构先生都赞同我的设想，认为这个选题好。为试探学术界反应，我去北京走访林庚、周汝昌、吴小如、陈贻焮等名家。他们听说我要编《唐诗鉴赏辞典》，都极为赞许，他们说，如何正确对待文学遗产是个重要问题，过去搞得太"左"了。对待唐诗，即使杜甫的诗也只谈思想，忌谈艺术，这是不对的，艺术是诗歌的生命啊。他们鼓励我，编《唐诗鉴赏辞典》就要用艺术鉴赏的眼光来评判作品。他们表示，愿意亲自动手写好鉴赏文章。

图4-13 《唐诗鉴赏辞典》

我从北京回来后立即开始具体策划工作，反复斟酌之后确定了"一首诗一篇鉴赏文章"的基本体式和大专家写小文章的模式。严把质量关的同时，在装帧方面也下足功夫，以中国古代名画作封面包装，典雅精致。《唐诗鉴赏辞典》于1983年12月出版以后，重印49次，销售达263万册，如此畅销不衰，为出版史罕见。

（郝铭鉴，孙欢. 倾听书海——好书背后的故事[M]. 上海：上海锦绣文章出版社，上海文艺出版社，2009.）

【本节要点】

1. 古籍类选题特征与类型；

2. 古籍类选题创意要点。

【思考实践】

分小组根据上一阶段对某出版领域的信息收集与分析，或者分析当地的优势出版资源，提出古籍类选题创意，并初步形成选题策划报告，着重展示选题构思和创意亮点。

任务5 引进类图书选题创意

【思考】

上海科技教育出版社的引进版科普系列图书——"哲人石丛书"包含当代科普名著系列、当代科技名家传记系列、当代科学思潮系列、科学史与科学文化系列4个系列,连续被列为国家"九五""十五""十一五""十二五"重点图书,成为考察中国科学文化图书出版的极好案例。到目前为止,这套丛书出版总数已达 100 个品种。

1998 年底,《确定性的终结——时间、混沌与新自然法则》等 5 种图书一问世,便因选题新颖、译笔谨严、印制精美,迅即受到科普界和广大读者的关注。14 年来,"哲人石丛书"推出诸多时代感强、感染力深的科普精品,引领了科学文化出版的方向,实现了"立足当代科学前沿,彰显当代科技名家,介绍当代科学思潮,激扬科技创新精神"的出版宗旨,在业界和社会上产生了深刻影响,并在各类奖项评选中频频获奖,如全国优秀科普作品奖、全国十大科普好书、科学家推介的 20 世纪科普佳作等。

阅读上述文字,查阅这套丛书编辑出版过程的相关信息,思考该产品创意策划的成功之处,并分析引进版图书类型、特征及注意事项。

4.5.1 引进版选题类型与特征

人类对于经典文化的共享得益于翻译出版,一定程度上可以说引进图书翻译出版推动了人类文明进程。美国出版家达塔斯·史密斯说:"从远古以来,翻译早已存在于那些最有影响的图书中间。特别是西方世界,深深地感激通过翻译所带来的富裕和刺激,把古希腊名著翻译成阿拉伯文,后来,又由阿拉伯和波斯学者从原希腊文或阿拉伯文翻译成欧洲语言,这是对西方启蒙运动的最重要的贡献之一。"

加入世贸组织以后,中国出版业加快了走向世界的步伐。近些年,无论是专业学术出版领域还是大众出版领域都有不少成功的引进翻译出版案例,这些外版书不仅为中国人打开了通向世界文化的窗口,也为出版社带来了良好的声誉和丰厚的利润。现代社会中,世界范围内的文化交流越来越频繁,引进翻译出版把世界各国人民的文化精髓引入我国,丰富了我国的图书市场,也成为一些出版社新的经济增长点。

图 4-14 是 2010 年我国引进版畅销书的类别比例图。

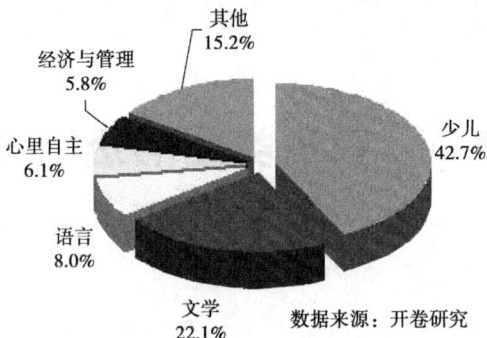

图 4-14 2010 年引进版畅销书类别

人类的文化交流是多方位的,因此引进翻译出版在不同领域都存在。这些年,教育出版、专业出版和大众出版领域都不乏引进版图书,有些产品甚至风行一时,引起全社会普遍关注。与本土出版产品创意运作过程不同,引进类选题具有如下特征:

1) 高风险

引进版权,特别是从世界著名出版公司引进产品需要支付高额的版税和预付金,所以往往具有较高的风险。再加上不同的历史、文化背景,引进版图书的适应性问题也带来了一定的风险。因此,有关专家认为,引进版权要"追求冷静理性,避免茫然、狂热。决定购买重要版权时,不应该茫然倾心于首印数、版税以及预付金的多少,而应冷静地在选题的整体策划、营销方案上多下功夫,将自己的优势尽可能地展现给对方"。

2) 高难度

引进类选题首先面临的译文质量问题,高水平的翻译既需要有扎实的专业背景、较高的外语水平,还需要很好的中文功底以及较强的责任心,从而保证在深刻理解原著意义的前提下,用适合我们阅读的流畅语言表达出来。在实际翻译过程中,由于不少外版书的篇幅长、出版时间紧,往往会有若干位译者共同翻译。然而,不同译者对作品的理解程度及表达习惯差异就会破坏译文的整体协调统一。在文稿编辑加工过程中,编辑首先要注意对政治敏感问题的把关,对于原著中不合国情的内容,要按情况加以处理和修改;宏观把握译稿整体水平和风格;检查人名、地名、专业术语、计量单位方面译文的规范性和统一性;索引的处理,核查版权事项以及附属内容的完整性。

3) 时代性

引进类选题出版,特别是大众出版领域中的引进图书往往具有鲜明的时代性。不同时代的社会性阅读需求不同,能够满足特定阶段需求的引进版图书才能获得成功。20世纪80年代我国出版偏重于西方人文社会科学领域的经典名著的译介与出版;20世纪90年代偏重于西方现代经济学、管理学以及新科技领域选题的引进与出版;20世纪90年代后期至今,出版界对国外出版选题的引进与我国社会、政治、经济、文化发展的结合更加密切。

【案例】

两译本之争，促进了《尤利西斯》普及

——访译林出版社前社长李景端

图4-15　尤利西斯

1988年，译林出版社创办，首任社长李景端决定组译《尤利西斯》。他曾听人民文学出版社副总编辑秦顺新说，人文社向堤约过翻译此书，金堤答要十年完成。"我想，中国读者已经等了70年，哪能再等10年。"于是，从1988年起，李景端就开始找英语界的翻译家，例如王佐良、周珏良、赵萝蕤、杨岂深、冯亦代等，他们都婉言谢绝翻译，叶君健还风趣地对他说："中国只有钱锺书能译《尤利西斯》，因为汉字不够用，钱先生能边译边造词。"李景端转告钱锺书先生，钱先生笑了，并表示："八十衰翁，再来自寻烦恼讨苦吃，那就仿佛别开生面的自杀了。"

为什么这么多翻译家都拒绝译《尤利西斯》？李景端说究其原因有二，一是翻译难度太大，二是《尤利西斯》曾有过"黄书""淫书"的议论，译者不愿蹚这个浑水。于是，李景端找到了萧乾、文洁若夫妇。起初，萧乾并未答应："钱锺书自称衰翁，我比他大两岁，不更是一个衰翁了？我可不想背这个罪受。"李景端并未灰心，决定迂回说服文洁若。这位对翻译出版事业有着极深感情的老大姐，终于被他的倔劲感动了，最后也把萧老"拖下水"了……

2006年，"李景端出版理念研讨会"在北京举行，中国社科院外文所副所长陆建德开玩笑说，李景端的运气实在太好了。《查特莱夫人的情人》与《尤利西斯》在西方都曾因"淫秽""色情"遭禁，但两本书的中国之路却有天壤之别，《查特莱夫人的情人》在湖南人民出版社被禁，之后在人民文学出版社出版被"要求"不许重印，相比之下，《尤利西斯》却畅行无阻。李景端认为除了"运气好"之外，萧乾和他所做的铺垫也起了重要作用。

（李福莹.深圳晚报·阅读周刊）

4.5.2　引进版图书选题创意

如前所述，翻译出版是我国出版业的重要组成部分，不仅有助于国内外文化交流，而且分享着图书零售市场的巨大利润。因此，在有条件的情况下，关注国际市

场,引进翻译出版满足读者需求的产品是很多出版社在激烈竞争中的必然选择。引进类选题创意可以从如下几点展开:

1)面向文学爱好者,引进经典文学名著

文学是无国界的,人类的感情是无国界的,这也是很多经典文学名著畅销全球的基础。古今中外无数优秀文学作品成为人类共同的财富,无论现在还是将来都将滋养读者的心灵。经典文学名著就是那些经得起时间考验,散发恒久艺术魅力的作品,这些作品的缺席是我国文学界的遗憾。此类选题一般由熟悉作品的编辑操作,因为喜爱所以了解作品价值,能够积极寻找可靠的译者,并能发掘作品对于本土文学爱好者的意义,进而熟练进行本土化解读和运作。

【案例】

年华易逝书长存

我入行出版界的动机之一,就是想实现我的一个心愿——组织翻译出版《追忆似水年华》(见图4-16)这部巨著,从而填补我国外国文学领域空白。

干上编辑这一行后,前两年是熟悉工作、积累经验阶段,我没敢把这个选题提出来,但心里痒痒的,总在等待合适的时机。一是因为社领导恐怕连这个名字也没听说过;二是社里的经济效益并不好,即便提出这个选题,能通过吗?于是我采用迂回战术,先是不断吹风,让他们对该书加深印象;然后写出详尽的选题报告,促使他们下定决心。我在进入出版社之前,已经算是资深译者了,他们也都知道,我不仅有翻译方面的经验,也认识国内广大译者,其中有一些甚至是我的亲朋挚友,换句话说,相对而言,我是有能力完成这项使命的……这部书的翻译工作十分艰巨,诸如选择版本,物色译、校者,拟订翻译要点,

图4-16 《追忆似水年华》

编人名、地名索引及复制注释,约请专家写序……在我约请参与这项工作的人员名单中,北大的罗大纲、徐继增、桂裕芳教授都是我的老师,其他人不是我的同窗学友,就是我熟悉的译者。起初,大部分人都认为这件事情"功德无量",但又忧心忡忡,因为该书太难译了。我苦口婆心,晓之以义、动之以情,一遍遍相求,一个个说服,最后,翻译班底终于搭成了,徐老师更是身先士卒,率先译成该书人名、地名译名表,分发给诸译者以求统一。当时的工作十分繁忙,好在自己正年富力强,有一股冲劲和干劲。我至今仍记得,在很长一段时间里,我睡上床就希望白天早早到

来,尽快接着干……

(韩沪麟)

2)着眼时代发展,引进学术名作

吸收借鉴人类一切文明成果,引进反映学术研究成果的学术名作是翻译出版工作的重要组成部分,也是出版事业传承人类文明的使命所在。商务印书馆的"汉译世界学术名著丛书"、三联书店的"现代西方学术文库"和"宪政译丛"、上海译文出版社的"二十世纪西方哲学译丛"等都是这方面的典范。其中,"汉译世界学术名著丛书"于1982年出版第一辑50种,按哲学、政治(法律·社会学)、经济、历史(地理)、语言学五类,分别以橙、绿、蓝、黄和赭五色在书脊标明。经几代学人和出版人共同努力,现已出版十二辑500种。这套译丛,经有序扩充而成为以外国古代、近代为主兼及现代的马克思主义经典著作以外的哲学社会科学代表著作译丛。所收各书的作者大都是一个时代、一个民族、一个阶级、一种思潮的先驱者、归纳者、宣传者和创造者,反映了迄今为止人类已经达到的精神世界(陈原语)。此类选题出版工程规模浩大、旨意宏远,须做好整体规划与策划工作,从人员选择到资金准备、从列举选题到整体包装设计都要考虑周全,更需要无数学人、出版人传承文明的强烈使命感和坚定意志。

【案例】

"当代学术棱镜译丛"访谈

近年来南京大学出版社陆续推出了"当代学术棱镜译丛",向国内读者译介了一批西方当代学术论著,在读书界、学术界、出版界引起了较好的反响。近日笔者就此对该套丛书的主编,南京大学张一兵教授进行了访谈。

▲笔者(以下简称问):从20世纪末开始,中国涌现了一股翻译西方当代学术著作的热潮。您是如何看待这种现象的?

●张一兵教授(以下简称答):我认为,出版界在译介国外当代学术著作方面大致分为两个阶段:一是跟西方学界同步,即西方热什么,我们就跟着介绍什么;二是逐步走向规整,也就是说,各个出版社经过调整后开始向自身的学术建构复归。这第二个阶段就真正是得益于我们自己的思考了。南京大学出版社的"当代学术棱镜译丛"(见图4-17)就是在第二个时段中产生的。

▲问:作为主编,您是以什么宗旨来选编这套"当代学术棱镜译丛"的?

●答:在全球化加剧的大背景之下,如何加强学术本土化是一件意义深远的事情。"当代学术棱镜译丛"旨在译介域外理论研究动态,折射他人学术之光,进而实现"他山之石可以攻玉"的目标。为了给中国当代学术研究提供重要的参照和丰富的理论资源,我们按照类型来进行选编,内容主要集中在两个方面:一是 20 世纪 90 年代以来国外学界最新最重要的学术动态和热点问题;二是拾遗补缺,汇编名家经典,将一些重要的尚未译成中文的国外学术著述囊括其内。

▲问:这套"当代学术棱镜译丛"包括哪些系列?

●答:为了引起读者和学界的注意,我们选择以低姿态进入学术翻译市场,从选择介于通俗和学术之间的著作入手,因此开辟了"媒介文化""通俗文化""消费文化""新学科"等系列,出版了 20 世纪最重要的媒介理论大师麦克卢汉

图 4-17　"当代学术棱镜译丛"之一

的精选集、英国著名学者阿伯克罗比《电视与社会》、法国后现代大师让·鲍德里亚的名著《消费社会》、美国学者阿瑟·阿萨·伯杰《通俗文化、媒介和日常生活中的叙事》、波斯特的《第二媒介时代》、英国学者巴特·穆尔·吉尔伯特的《后殖民理论——语境、实践、政治》和约翰·斯道雷的《文化理论与通俗文化导论》等书。在这些书中,既有概览性的著作,也有介绍性的导论,还有经典性的名篇。

(《人民日报》2002-06-13)

3)关注社会生活,引进畅销佳作

信息化时代的人们在各个领域内的文化交流更为便捷,也更为迫切,近些年各类引进版畅销书频繁出现。各类关注社会生活,满足人们开阔视野、求变求新的各种引进版的励志、休闲、学习、经管等方面的图书备受欢迎。《人性的弱点》《新概念英语》《学习的革命》《心灵鸡汤》《谁动了我的奶酪》《致加西亚的信》等畅销全世界的书籍在我国同样掀起了一次次的阅读热潮,对当下社会生活产生了不同程度的影响。此类选题创意除了考虑产品内容本身的魅力之外,还需要对当下社会生活进行准确把脉,把握现实生活中的各种困境,分析产品可能带来的影响。

【案例】

一本让出版社成为"富爸爸"的书

世界图书出版公司北京公司以引进外版图书为自己的特色和主要业务,多年来在这方面积累了丰富的经验。1999 年 10 月,雷玉清副总经理在参加法兰克福书展时,慧眼识宝,带回了《富爸爸,穷爸爸》的原版书。经过审阅之后,我们就被书中的内容吸引了,初步认定这是一本难得的好书,并且,原版书在《纽约时报》《商

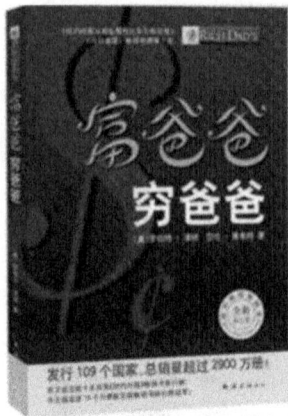

图4-18 《富爸爸,穷爸爸》

业周刊》《华尔街日报》等权威排行榜上长盛不衰,6个月销售100万册,突出的业绩证实了这本书的不同凡响。但是,引进后会不会"水土不服",这也是我们必须要考虑的问题。为此,我们分别邀请了实业界、教育界的财经专家以及国际会计师和企业经理帮我们审读这套书,并与全国最大的玩具厂商共同测试与图书相配套的现金流游戏玩具,结果各方面的反响都很好……

在这个社会中,没有什么比金钱和财富更令大众困惑和着迷的。然而,金钱的本质是什么?你是金钱的主人还是它的奴隶?是你为金钱工作还是金钱给你"打工"?什么是富人与穷人的本质区别?如何致富并保持富裕?财富的本质又是什么?金钱的数额是衡量财富的唯一标准吗……这些是每个人都很关心的问题,然而人们却往往欠缺正确的答案和思想,即使受过会计与金融专业培养的人也往往对自己面临的财务困境束手无策。《富爸爸,穷爸爸》(见图4-18)就此提出一系列新颖的观点和独到的见解,对人们相因成习的传统观念提出尖锐的批判和挑战:让金钱为你工作,拥有自己的视野,不要成为税收、银行以及老板的奴隶!

回头来看,《富爸爸,穷爸爸》所形成的市场热销不是简单炒作的结果,相反,观念冲击与内容吸引是该书营销策划的一个重要背景,也是该书成功的最大优势,众多媒体、学者、政府官员和广大读者的热情推介和讨论,从根本上说都是本书的内容调动起来的。从更大的方面来说,中国这么多年改革开放以及市场经济的深入人心,使书中提出的财商理念能够成为今天中国人关注的热点。所以,广泛的市场调查,深入的选题论证,切中社会热点,再加上图书本身丰富的内涵,预示本书将会有不俗的表现,虽然如此,后来的热销还是远远超出了我们最初的想象……

(雷玉清 赵大新)

4)面向小读者,引进经典童书

少年儿童对现实生活和自然界总是充满好奇和想象,阅读是孩子们了解外界的重要途径。优秀的儿童读物除了给孩子快乐、知识,还能给孩子们想象空间,从而激发他们的创造性。同时,越来越多的人认识到,早期阅读习惯的养成将使孩子受益终生。因此,少儿出版市场这些年都保持了较高的增长速度,成为出版市场中的一片"蓝海"。与其他出版细分市场相比,少儿出版市场有其独特性:一是儿童阅读无国界,孩子受传统文化背景的影响相对较少,他们更容易接受来自不同民族、地域的文化;二是儿童喜欢参与、互动和游戏,他们更容易、且乐于接受新鲜事物,因此,少儿出版产品在产品形态和沟通方式上有更多探索空间。针对这种情况,很多出版机构在少儿出版市场上大展身手,他们在出版本土原创作品的同时,积极从国外引进经典童书,投放市场后,可谓名利双收。少数出版机构在引进产品的形态上积极探索,开发多功能、互动效果的书,受到不少小朋友甚至家长的欢迎。此类选题策划需要注重品质,选取经典童书,同时关注儿童兴趣特点,适时开发多种功能和形态的产品。

【案例】

接力社进军童书数字出版:推"第一次发现"

2012年9月,由接力出版社和法国伽利玛少儿出版社共同开发的"第一次发现丛书"《瓢虫》和《森林》的富媒体互动体验版电子书正式登录苹果应用商店App Store。该书是接力出版社进军童书数字出版的首批产品,也是接力出版社在童书数字出版领域实施精品化战略的第一弹。

电子童书《瓢虫》和《森林》(图4-19)是根

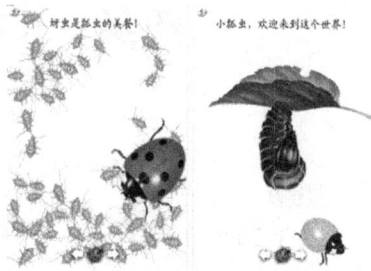

图4-19　瓢虫游戏截图

据接力出版社引进自法国的儿童科普胶片书"第一次发现丛书"中的《七星瓢虫》和《走进森林》(图4-20)改编,该套作品的纸版图书在国内销售已超过300万册。这两款童书应用软件富有游戏、体验、互动、娱乐、教育等多重功能,通过互动操作,让孩子们可以喂瓢虫吃东西,使瓢虫飞起来,给瓢虫指引方向,了解瓢虫的生活习性,学会分辨瓢虫的种类,带领读者认识瓢虫的世界。

为了给这两部电子童书提供更好的听觉感受,接力出版社特邀"全国少儿精品发展专项资金"特等奖得主、北京人民广播电台爱家广播"毛毛狗故事口袋"节目主持人小群姐姐配音,亲切自然,更符合中国小读者的收听习惯。

《瓢虫》在上架第二天,即9月6日便已经登上苹果应用软件商城的iPhone软件付费总榜第85名,同时位居图书类分类榜第12名。

(戴圆圆　《出版商务周报》)

图4-20　"第一次发现"丛书

【本节要点】

1.引进版选题特征与类型;

2.引进版选题创意要点。

【思考实践】

分小组根据上一阶段对某出版领域的信息收集与分析,分析某一领域内的引进版图书出版状况,提出自己的选题创意,并初步形成选题策划报告,着重展示选题构思和创意亮点。

任务6 畅销书选题创意

【思考】

创立于2006年的读客图书有限公司被业界誉为"单品王",所出图书单品平均销量超过20万册,是中国图书行业单品平均销量的33倍。2010年,读客图书荣获《福布斯》杂志评选的中国最具发展潜力企业"文化出版类"第一名。

读客将先进的快速消费品营销方式引入图书行业,以"开拓图书购买人群,向平时不买书的读者要销量"为理念,为每一本图书打造全新购买理由和附加价值,强力拉动了图书的销售,为书业赢得了更多新读者。在过去的几年中,读客连续推出《藏地密码》《流血的仕途》《黑道风云20年》《我们台湾这些年》等超级畅销书。曹升、何马、孔二狗、廖信忠等作家,在读客的全案营销下,已经成为当今中国最一线的超级畅销书作家。读客出品的每一本图书,在上市之前都会经历超过半年的调研与策划,以保证本本大卖。

阅读上述文字,查阅该图书公司及相关产品信息,思考畅销书的特点及创意策划注意事项。

4.6.1 畅销书选题类型与特征

根据《不列颠百科全书》的解释:畅销书(Bestseller)是在销售上暂时领先于其他同类的书,可作为公共文学品位的表现和评价指标。国内外出版实践表明,畅销书是商业和文化的完美结合,因其符合大众文化趣味而具有强大的市场号召力和独特的文化传播力——对于一个编辑、策划人和出版社来说,畅销书是其行走出版市场的最好名片,可以带来品牌效应。当然,在短时间内获得巨大销量和影响力的畅销书未必都是好书,但也有部分畅销书转化为常销书。很多经典佳作也曾畅销一时,时间为这些经得起考验的作品增添了别样光彩。

纵观中外畅销书出版史,可以看出畅销书更多地集中于大众出版领域,文学类和非文学类图书中都不乏畅销书。仅就小说而言,就有犯罪题材、妇女题材、科幻题材、内幕秘史题材、战争题材、纪实题材等,可见畅销书类型多样。最近几十年中,我国出版市场上活跃着励志、经管、社会问题分析、家庭教育等方面的畅销书,还有一些当代的名人或者明星作家图书比较畅销。

在接力出版社总编辑白冰看来,畅销书具有如下特征:

①时尚性。时尚有3个特点:新、异、特。新,就是新鲜;异,就是不同;特,就是特别。当然,时尚并不是说只有时尚的题材、时尚的包装才能够畅销,有一些体现我们民族文化精髓的学术专著,如果注入时尚元素,进行时尚包装,同样也会销售不错,成为畅销书。

②实用性。图书是精神产品,也是商品。大多数畅销书除了给我们传递知识、审美愉悦之外,还具有实用功能,如律师教材、财务教材等,这些书既是畅销书也是常销书。

③独特性。凡是大的畅销书都具有独特性,或者理念独特,或者题材独特,或者内容独特,或者写法独特,或者故事独特,或者人物独特,或者包装独特,这些都是吸引读者眼球的元素。《狼图腾》的作者姜戎跟狼打了十几年交道,他的独特生活经历,他对狼的智慧、狼性的体验是任何人所没有的,因此他具有独特性。

④话题性。作家的职责是把生活话题转变为文学话题或者学术话题,编辑、策划、出版人的职责就是把这个文学话题或者学术话题转变为大众话题、社会话题。如果能够实现这种话题转变的图书,大多都能够成为大的畅销书,不能够实现的,则很难成为大的畅销书。

⑤联动性。媒体共谋与互动是时尚文化流行的根本原因,也是大畅销书出现的深层动因。许多大的畅销书都与其他媒体有着突出的联动性,像《士兵突击》《我的团长我的团》《走西口》《闯关东》等等,这些书都和影视剧联动,因而很好销。外版书《哈利·波特》采用的是国际化的运作模式,先推书,然后推出电影,再推出书的新作,形成媒体间良性的互动。

⑥延伸性。即做图书品牌延伸、产品延伸,由点到线,由线到面。北京出版社的《登上健康快车》销了几百万册,北京少儿出版社马上跟进,出了一本《登上少儿健康快车》,也很畅销;卢勤的《告诉孩子,你真棒!》销了70万册后,接着又出了《告诉世界,我能行!》《好父母,好孩子》等,都销得不错。

【案例】

图 4-21　《狼图腾》

这匹"狼"走向世界

《狼图腾》(见图 4-21)是一本独特的书。书稿到我社后,社领导和编辑同志进行了认真的审读和选题论证。大家认为,尽管该书没有任何时下所谓畅销"时尚"因素,但故事精彩,题材唯一,主题健康。我们在分析了故事的特点之后,认为狼的精神对塑造企业和民族文化有所帮助,所以,就请提倡"与狼共舞必先为狼"的"海尔"张瑞敏、以末位淘汰管理著称的潘石屹和苍狼乐队的蒙古歌手腾格尔提意见,让动物世界的解说者赵忠祥等阐发人与自然的关系……结果反响很好。

《狼图腾》的故事和题材本身具备全球化的意义,特别是人与自然的和谐,是全人类关注的主题。因此,小说出版后,我们就有意识地让策划编辑安波舜先生准备文案,按照国际惯例,向外国出版机构介绍《狼图腾》。我们主动向海外主流媒体投稿,比如德国的《南德意志报》、意大利的《意大利邮报》、英国的《泰晤士报》、美国的《纽约时报》等。结果,引来诸多国际大出版社与我们联系。其中,世界最大出版社之一的企鹅集团与我们签约全球英文版权……

《狼图腾》的畅销恰好适应我们伟大民族复兴的大形势、大趋势,是改革开放,特别是广大人民群众响应党中央建设和谐社会、以人为本,尊重自然和生命的大背景下,一种挺起腰杆做中国人的豪情释放。不可设想,在 20 年前或者 10 年前,当我们还在为温饱和社会转型而焦虑的时候,谁还会欣赏《狼图腾》这样的动物小说。因此,谁能够审时度势,掌握时代的脉搏,谁就能够创作出好的作品,谁就能编辑出双效图书。

(安波舜,长江文艺出版社总编辑)

4.6.2　畅销书选题创意

如前文所述,畅销书往往具有鲜明的个性,独特的声音,能在一瞬间抓住读者眼球,进而实现广泛传播。畅销书选题需要新颖独特的视角和有力、准确的表达,在一定程度上能满足大众的某种阅读需求。事实上,许多看似可遇而不可求的畅销书是出版人"蓄意"操作的结果,这首先体现在对于畅销选题的发掘和价值判断与提炼上。基于上文对畅销书特征的分析,畅销书选题创意可以从如下几个方面展开:

1）关注社会热点，寻找智慧解读

每个时期都有一些社会普遍关注的问题，却又找不到恰当的解决办法，这些问题往往与很多人关系密切，因而会产生持续的关注或者引发焦虑；每个时代也都有一些主流或者非主流的情绪，这些情绪需要释放或者共鸣者的呼应。这样的问题或者情绪形成一定时期的社会热点，对这些热点的思考、解读甚至有启发意义的案例常常大受欢迎。如对教育问题的关注，使得《哈弗女孩刘亦婷》《素质教育在美国》这样的书畅销一时；在文学领域中，20世纪80年代以来的伤痕文学、寻根文学、先锋文学、新青春派文学、网络文学的一阵又一阵热潮，让很多人心潮澎湃。毫无疑问，后者需要深刻的洞察和敏锐的判断；前者则需要发现、挖掘、整合，有更大的"策划"空间。畅销一时的《中国可以说不》《中国不高兴》等书虽然争议不断，不过，这类书确实大范围触及某一时的公众情绪，因而备受关注。进行此类选题创意时需注意两点：一是瞄准热点，即上文所说的问题或者潜藏的焦虑、情绪等；二是需要独特的表达或者典型的案例，保证能够带给人们不一样的思考。

【案例】

小故事　大哲理
——《谁动了我的奶酪？》

《谁动了我的奶酪？》（见图4-22）1998年在美国上市，2001年下半年才得以在国内正式登场。显然，与那些国内外同步上市的图书产品相比，这个时差不算小。为什么有那么大的时差？为什么恰逢中国"入世"之前面市？这其中的原因，不得而知。倒是《中华读书报》副总编陈晓梅在采访策划单位总裁汤小明时，汤总的一番表述让我们对此多少有了些了解。汤总认为这本书之所以如此畅销，就是因为这是"正确的书出现在正确的时候"。

图4-22　《谁动了我的奶酪？》

众所周知，2001年的中国社会，大量的人员下岗、机构人员分流、国有大中型企业的资产重组、大学生失业、国家干部转做经理、科研机构转制，加上"入世"所带来的冲击和挑战，等等，使得不论是企业还是个人，都不得不面对已经发生的或即将发生的各种变化，人们迫切地想知道，应该怎样处理或面对信息时代的变化和危机以及如何调整自己。正是在这样一个时机，提供了"人生励志的另类思维"的《谁动了我的奶酪？》得以闪亮登场……

（方卿，武汉大学教授）

2）挖掘人生智慧，开发名人书系

毫无疑问，名人书是指关于明星或者明星本人写的书。在各种畅销书里，名人（明星、公众人物）出的书占有较大比例。名人是时代的宠儿，是大众关注的对象，围绕其生活、工作的很多事情对大众来说都很有吸引力，因此，名人出书很容易迎合大众口味，实现名利双收。自1995年赵忠祥出版《岁月随想》以来，几乎每年都有明星出书。因为成功包装名人图书而在出版界享有盛誉的华艺出版社成功推出了吴小莉的《足音》、敬一丹的《声音》、白岩松的《痛并快乐着》、崔永元的《不过如此》等，几乎推出一本畅销一本。抛开名人身上耀眼的光环不说，名人的成长、成功故事和人生智慧对很多读者来说具有真实性和借鉴意义，因此，名人书畅销也是情理之中的事情，中外名人传记的畅销即是明证。开发此类选题，需要注意两点：一是注重选择，如金丽红所说，他们从是否具备阅历和写作能力两个方面去寻找作者；二是名人书要着力打造，除了明星作家之外，分布在各领域的明星未必有很好的写作习惯和成熟的表达方式，因此，在作品的创作、整理和加工过程中，出版社需要做很多很专业的工作。

【案例】

倪萍《姥姥语录》：平凡者的哲学

很长时间以来，关于什么是散文，什么是好散文，散文界一直没有定论。我在几年前，曾这样说过：在用最通俗的语言表达最佳的意境的情况下，好的散文应该做到：给人提供多少信息的含量，情感的含量，文化思考的含量。如果用这个标准去衡量《姥姥语录》（见图4-23），我要说，《姥姥语录》是一本非常好的散文集。

《姥姥语录》所要传达的首先是姥姥是谁，她是一个什么样的老太太。作者在文字中交代：姥姥是个不识字的缠着三寸金莲的农村老太太，她的大名叫刘鸿卿。然后，所要传达的才是作者和她的五十几年的情感依赖。通过五十多年的生活观察，作者发现在这个普通的中国妇女的言行里，充斥着无数的人生哲理和对生活的认识。

倪萍通过写姥姥，不单单是要表达她与姥姥的感情，更重要的是要告诉社会：我们要学会接受平

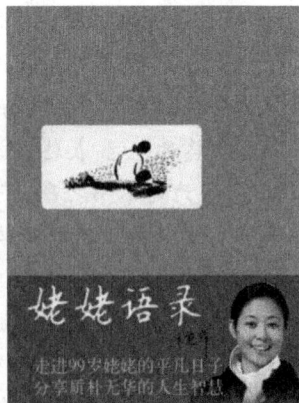

图4-23 《姥姥语录》

凡，学会尊重普通人，学会从生活中感悟生活，不要以为只有领袖才可以创造语录，人民大众同样是生活的主宰。这是我读《姥姥语录》最强烈的感受……

在《姥姥语录》中,倪萍在阐释姥姥的哲学的同时,也在阐释自己的哲学。譬如在对待当官、出名、挣钱上,她说:"当官的人一定努力当最大的官;做生意的要挣到最多的钱,为社会创造最大的财富。千万不要说当官的不想当大官,挣钱的不想挣大钱,出名的不想出大名,这都不真实。只要心地正,当大官、挣大钱、出大名都是有价值的。否则你就离开你的现在。"

这就是倪萍的哲学,一个受姥姥影响五十年的倪萍哲学。从事编辑多年,看亲情散文无数,大都写得很雷同,能像倪萍这样的,不与他人雷同,也不与自己的每一篇雷同地写成一本书的作家还不多见。要想写出独特的亲情散文,我的经验是:普通人一定要写亲人的片段,千万不要从生到死写流水账;名人、领导人可以从生写到死,是因为有人会研究名人、领导人成功的奥秘。但也并不因此就可以写成流水账。倪萍的《姥姥语录》,之所以被更多的人青睐,是因为除了她以往的名人效应之外,关键还有她散文创作艺术的成熟。《姥姥语录》中的每一篇散文,甚至包括作者的序言都非常地打动人……

(红孩.新京报,2011-06-25)

3)满足猎奇心理,开发"揭秘"选题

阅读,尤其是对文学作品的阅读很多时候是满足人们对未知领域的好奇心。对别人隐私的关注是人们的普遍心理,对名人的隐私关注程度更高,因此,"名人 + 隐私"几乎成为一种畅销模式,《我和刘晓庆不得不说的故事》就是一个成功的案例。在出版实践当中,特别是畅销书的出版运作往往要善于抓住人们了解新奇、隐秘事物的强烈愿望。通过"揭秘""隐情"等词语突显产品独特价值,调动大众的好奇心,是图书宣传推广的惯用手法,且屡试不爽。事实上,充满神奇色彩的"揭秘"一方面满足了大众的好奇心;另一方面,也往往意味着独特的价值。此类选题创意需注意:选取有价值的"隐情",不可流于肤浅;态度严谨,论证全面,保证作品质量。

【案例】

吴晓波,为中国企业立传的"蓝狮子"

复旦大学新闻系毕业后,吴晓波进入新华社杭州分社,开始了他长达13年的商业记者生涯。在新华社写内参大稿,全国各地深入公司企业跟踪调研,新书社不计成本地让记者在中国各地进行采访、调查,它的强大背景也让记者可以见到想见的人,这一切后来都成了吴晓波《大败局》《激荡三十年》一系列书的素材和积累。

25岁时,吴晓波成了杭州第一个开专栏的人,写专栏训练出他学会用更容易使人接受的语言写作。30岁时,吴晓波开始写书,并给自己制订了每年写一本书的计划。他说自己的人生很有阶梯感,在年轻的时候他就清楚自己最喜欢做的事

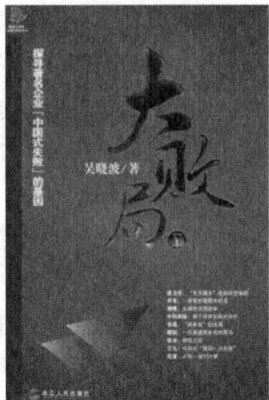

图4-24 《大败局》

情，然后用20年来完成它。被誉为中国第一本写作失败案例的MBA教材的《大败局》（见图4-24）是吴晓波的成名作，一经出版，短时间内销售量达20万册，创下了财经类图书销售的奇迹，之后6年内又重印了28次。

2002年，吴晓波与秦朔、胡泳、赵晓等六人共同发起创办了"蓝狮子"财经创意中心，他把本土公司财经写作作为目标，中国公司史和人文财经成为吴晓波看好并致力发掘的对象。七年过去了，蓝狮子业已成为本土原创财经图书不可忽视的新生力量，每年财经畅销书单上都不乏蓝狮子的身影，从《道路与梦想》到《阿里巴巴：天下没有难做的生意》，从《大败局2》到《激荡三十年》，从《出轨》《郭台铭与富士康》到《春天的故事》，蓝狮子研究及创作过的中国公司包括：万科、海尔、阿里巴巴、李宁、北京现代、吉利、娃哈哈、联想、中粮、招商地产、腾讯、中兴通讯、伊利、酒鬼酒股份、奥康，等等。

作为出版人，蓝狮子的每本书吴晓波都会把控，并对作者的要求极为严格，一个公司史的写作者应该是能够接触到该公司的内部档案并且曾经长期跟踪报道过该公司的记者或者研究人员，一个企业可以从多角度来写，作者必须对一个标杆企业持续关注，反复创作挖掘，图书理论上可以反复消费。因此，吴晓波一方面甄选优质企业，一方面坚持公司史写作的底线与要求，对公司史的创作总结出了"蓝狮子准则"：尽量走进公司的档案室；距离公司一步之遥；不要被眼前的新闻事件所迷惑；没有公共研究价值的公司隐私不应该被暴露；一部优秀的公司史必须有自己的坐标系；至少经受五年的时间考验。

（烈日，《出版参考》2009.15）

4）满足实用需要，开发自助读物

很多人通过阅读陶冶情操、增长见识，当然，更多的人在很多时候则想通过阅读来解决实际问题。因此，有了前文中所说的大量生活指导用书。可以说这类书的潜在市场很大，能否实现畅销则要看选题是否精当，运作是否科学、有新意了。洪昭光的《登上健康快车》、靳羽西的《魅力何来》、大S的《美容大王》等书市场反响很不错，毋庸置疑，这些书的畅销既有名人效应，也源于其实用性。当然，明星作者难找，没有作者的名人效应时，生活类畅销书更需要的是方法实用、形式新颖和阅读快感。

【案例】

《31岁小美女的养颜经》:畅销的元素分解

2007年,一本江苏文艺出版社出版的《31岁小美女的养颜经》(见图4-25),悄然登上生活类图书的畅销榜,颇为意外的是,这本书的作者既不是类似《美容大王》作者台湾地区美女明星大S,也不是专攻美容保健的医学专家,而是一位名不见经传的普通网友——"一猫一菩提"。这位现居广西的网友从事的是法律工作,她经过多年的亲身实践所总结出的美容心得,在搜狐女性频道创下了500万的点击率,随后,这位网友在搜狐上连载帖子,诞生了一本畅销的美容图书。

《31岁小美女的养颜经》有这样一段文字:"MM们节食,怕脂肪不敢吃红肉,只吃青菜水果,而青菜水果寒凉的居多,再说了,MM们爱美,用束身内衣把腰束得紧紧的,束得太紧了,你的生殖系统没有血供应,就更冷,冷就会长更多的肉。现在冬天都流行穿裙子啊,下面就是一条薄袜子,整个下身都冷了,寒从脚下起嘛。"这段文字犹如一位亲切的大姐,边嗑着瓜子边向亲密的姐妹介绍自己的心得体会,让人阅读起来倍感亲切。难怪有读者评价:"每次翻这本书,就像读一首美丽的诗意文章,单是可心的文字,就让我爱不释手。"所以,阅读快感的首要构成是美文,即充满快意、趣味盎然的生动文字。

图4-25 《31岁小美女的养颜经》

第二项构成则是文字中自然流畅的人生感悟、人生哲学。比如如下文字:"世界是公平的,如果你不懂由内养外的道理,如果你不会腰部管理,时间会很快在你脸上留下痕迹。

第三项构成是能够让读者自我操作、迅速见效的方法。这本书总结了来自历代中医的养生精髓和个人10年的美容体验,主张美容固然重要,但更重要的是养生,并具体提出"保暖美容和经络养颜、呼吸养颜、心情养颜"一招三式。如果按照传统的图书编写套路,会重视专家论述的"大而全"特色。而我们认为,要让读者读起来很快意,就要由"大而全"变为"少而精",清晰简洁的操作方法,同样能够让喜欢美容的读者享受阅读的快感。

(刘观涛,《畅销书的"蓄意"操作》)

【本节要点】

1. 畅销书选题特征与类型；

2. 畅销书选题创意要点。

【思考实践】

分小组根据上一阶段对某出版领域的信息收集与分析，提出大众生活类畅销选题创意，并初步形成选题策划报告，着重展示选题构思和创意亮点。

【延伸阅读】

选题创新是集团发展的战略选择

关于集团选题创新，我有几点体会。

第一，出版产业进入资源整合时代，特别是重大图书选题的策划和出版，需要集聚更多的社会文化资源乃至政府资源，在集团层面乃至政府层面进行操作。

第二，出版产业进入品牌竞争阶段。集团在各种资源的整合上具有优势地位，在品牌规划、品牌培育和品牌经营上具有更强的能力。

第三，出版产业的发展隐现相对垄断特征。从世界出版产业发展的规律来看，成熟的出版产业市场呈现出大出版集团垄断产业市场的特征，中国图书市场强势产业集团正在形成之中。在一些细分市场，已经渐显垄断特征，比如音乐出版物。人民音乐出版社、上海文艺出版社、湖南文艺出版社三家的市场占有率在52%以上，不久前以三家为主体成立的音乐读物联合体，必将加速这种态势的发展。

要实现集团选题创新，集团需要在选题管理的三个基本方面实现突破：在选题管理方式上，要实现从计划配置到市场主导的转变；在选题方向和范围上，实现从单纯分工到既分工又协作的转变；从选题管理机制上，实现从传统方式到现代管理的转变。

下面谈谈我们的几点做法。

一、集团选题创新的战略选择

湖南出版集团选题创新的战略选择是实施品牌发展战略，构建优势板块。集团2000年开始实施品牌发展战略，制订了重点板块的年度考核指标和激励措施等政策，力图以品牌为标杆，促进选题资源向优势图书、优势板块和优势企业集聚。目前，集团已经形成音乐图书、古典文学、科普图书等5个相对优势板块，并在国内图书市场占据领先的位置。我们有这么几个具体的做法：

1. 构建合理产品结构，在板块发展中实现选题创新

集团抓优势板块建设，主要通过指导出版社优化产品结构，在优势板块中实现选题创新。以音乐图书板块为例，我们设计了长、中、短相结合的产品结构。在分析了音乐读物出版的市场现状之后，我们确定以引进国外古典音乐总谱来打造长

线产品。目前,已陆续推出200余种总谱,提升了板块品质。我们主要以钢琴奏鸣曲、传统民乐等音乐教材来构筑中线产品线。目前,仅钢琴奏鸣曲就出版了50多个品种,成为音乐学院的必备教材,形成了稳定的利润来源。在短线产品上,我们力推流行钢琴曲等普及性音乐读物,根据市场需求,不断创新选题,不断制造市场热点。目前在流行钢琴曲方面已经出版了200多种读物,在演奏钢琴的酒吧是很容易找到湖南出版的钢琴曲谱的。

2. 围绕核心产品不断进行选题创新

每个优势板块都有其核心产品。围绕核心产品不断进行选题创新,就能进一步巩固优势板块的市场地位。以集团的古典文学名著板块为例,其核心产品是"四大古典文学名著",这是湖南的一个传统产品。集团成立后,我们组织研究了当时的古典文学名著图书市场,2001年,针对当时市场的老五号字本主导产品创新地推出小五号字本,有效降低成本,搅动了市场价格体系,获得了市场认同;当市场出现类似小五号字本时,我们又推出五号字本,但同时对标点符号进行改造,再次控制了印张,始终保持成本和价格的优势;在获得市场认同的基础上,我们又围绕核心产品组织研发,针对不同读者群相继推出了四大名著的校注本、豪华本、图文本、普及本和今年推出的批注本等一共7个版本。每一个新版本的推出都是一次选题的创新,都获得了市场的认同。"四大古典文学名著"这么多年来累计销售已经突破500万套,共约2 000万册,并以每年50万套的速度持续热销。

3. 抓住教育出版商机,开辟新的出版领域,实现选题创新

2000年,国家启动新一轮教材出版改革。我们意识到这是一个新的出版领域,教材将不再是一种行政发行品种,将很快成为市场化程度很高、市场竞争极为激烈的产品。我们迅速整合集团原有教材资源、编辑资源和作者资源,组织出版社在新的出版领域进行选题创新,以市场产品来定位教材开发,制订统一的政策、步骤、措施和时间表,构建拥有完全自主知识产权的湘版新课标教材品牌。几年来,我们共有18套教材立项通过,为做好新教材的营销服务工作,集团又成立了股份制的新课标教材营销公司,进行专业化运作,为新课标教材搭建了统一的市场宣传、推广、培训和服务平台。目前,集团新课标教材已经进入全国28个省、市、自治区,年发行码洋达9亿元,成为"十五"期间集团主要的经济增长点,湘版新课标教材品牌也逐渐被市场所认可。

二、抓重点品种选题创新,以点带面,推动集团选题创新

今年年初,我们配合重点先进典型人物宣传,及时组织策划了时政类图书选题《中国男孩洪战辉》。在选题策划时摈弃了传统的先进人物宣传呆板枯燥的灌输式图书模式,努力寻找先进典型宣传与时尚元素的结合点,将行政推动与市场营销

相结合,将时政人物宣传的热点和社会公众阅读兴奋点相结合,在书中融入了网络热评、读者互动等环节,出版了一本既有正面积极的宣传价值,又有鲜明时尚色彩的图书。同时,调动各环节力量,只用7天时间便得以出版。目前,该书已经发行250多万册,并进入东南亚图书市场。

三、用机制创新保障集团选题创新

通过严格的论证,我们确定一批重大文化工程选题,并采用项目投资方式,明确责任主体、投资额度、产出目标、出版进度、考核指标等,通过项目投资,保证和促进这批项目按时出版。集团的项目投资机制激发了各出版社选题创新的积极性和创造力,产生了一批有分量、有创意的好选题。为保证这批图书能够在"十一五"期间顺利实施,集团将投入4 000万元。当然,重点文化品种并不等于赔钱书。从品牌建设出发,这是一种投入,是品牌结构中不能缺失的一个标高。对于优势板块的市场扩充是不可缺少的。何况有些产品自有它特定的读者与市场。

为了扶持原创文学出版,我们通过项目投资机制,决定每年向原创文学出版投资400万元,以促进文学精品的出版。2006年上半年,我们陆续出版了《青瓷》《伊人伊人》《猿山》等原创长篇小说,获得了良好的双重效益。

(张天明 湖南出版投资控股集团副总经理)

出版选题论证

学习目标

知识目标

1. 了解出版选题论证的意义；
2. 熟悉出版选题论证的程序；
3. 熟悉出版选题论证的内容；
4. 掌握相关政策规定。

能力目标

1. 能对出版选题进行政策导向论证；
2. 能对出版选题进行学术价值论证；
3. 能初步判断出版选题的市场价值；
4. 能对出版选题提出优化建议。

任务 1　政策导向论证

【思考】

经营图书有几个特点：①最容易出错。②常爆冷门：看好的可能会冷；不看好的可能会热销。③没有常胜将军：没有永远"高明"的总编辑或编辑，没有100%看准图书的，10本书有7本看准就不错了。

————香港联合出版集团总裁　赵斌

请阅读上述文字，思考图书经营活动中的风险及出版选题论证的意义。

5.1.1　选题论证概述

选题论证是选题制订的关键，做好选题论证工作，才能为选题的实现打下良好的基础。所以，选题论证是每个编辑必须认真、严肃对待的工作。新闻出版署于1997年6月颁布的《图书质量保障体系》中第七条就已明确要"坚持选题论证制度"，并指出："选题质量的优劣，直接影响图书质量，也影响出版社的整体水平。出版社要对选题进行多方面的考察，既要从微观上论证选题的可行性，又要从宏观上考虑各类选题的合理结构"。

选题质量是出版企业的生命线，选题论证事关出版社的产品战略布局和产品经营成败。进行选题论证时，特别要注意三点：一是坚持质量第一的原则，符合控制总量、优化结构、提高质量、增进效益的总体要求；二是加强调研工作，充分运用各方面的信息资源和群体的知识资源，进行深入的调查研究，研究有关的学术、学科发展状况，了解读者的需求，掌握图书市场的供求情况，使选题的确定建立在准确、可靠、科学的基础上；三是注重科学分析，有理有据，力争取得一致意见。

1）选题论证程序

选题论证虽然只是出版工作中的一环，但却是出版产业链中的第一推动力，是出好书、出效益、创品牌的基础。这种事关出版社生存与发展的大事，论证的方式与程序不能流于形式，务必讲究实效。一般来说，出版社内部会召开不同层次的选题论证会，层层论证，逐级把关。在出版实践中，不同出版企业也在积极探索有效的选题论证运行机制,良好的运行机制能够保证选题论证工作开展的效率和质量。为保证营销链条上的各个环节正常有序地运行,接力出版社在针对选题论证和把关方面形成了有效的三级两次论证制——在接力出版社,想通过一个选题很难,通过率大概只有百分之六。三级的第一级是编辑自己。编辑首先要了解市场,把握阅读需求,调动相关数据进行分析,包括书的价位、包装、宣传、预计销量、首印量,等等,都需要在这个环节作评估。第二级是由编辑室主任组织的评估。第三级才到社里的选题论证小组。这个小组由市场总监主持,包括发行部门、推广调研部门、出版部门、财务部门,大家一起来论证。在论证过程中,总编辑也只是一票。两次论证中的第一次,是与作者或国外的版权代理人签约之前的论证,因为一旦签约就要付款,违约要罚款,如果没看准,一签约可就亏损了。第二次是开印之前的论证。印多少,既能保证供货,铺满市场,又不会造成太多的积压,这相当重要。

有些时候,还要进行社外专家论证,学术出版领域尤其如此。例如,香港中文大学出版社多年来一直坚持专家评审制度,该社要出版的每一本学术书都必须要经过两位专家的审定,这两位专家是在全球范围内选定的学术权威,这两位专家如果意见一致,并同意就可以出版了,如果两位专家意见不一致就再找一个专家评审。借助专家的眼光,提高学术书出版的水平,有利于建立出版社的品牌。这种方法值得借鉴并长期坚持。

2)选题论证方法和内容

进行选题论证的实质是出版选题的选择与优化。为此,首先要做好信息收集工作,收集一切与选题有关的信息,如专家、作者对选题的评价,读者、书店、网络等对选题的意见,该选题与同类书的对比,同类书在市场中的销售情况、本社营销部门对该选题的意见和建议,等等;其次要对选题进行分析、预测、评估和优化:一是分析选题的社会效益和经济效益;二是选题创意,内容、体例、语言风格等是否有新意;三是选题的针对性,即明确的读者定位和市场定位,在选题内容、版式以及封面设计等方面提出合理构想;四是做好选题的可行性论证,包括政策是否允许、著译者是否专业、营销计划是否可行等;五是做好风险预测,包括政策风险、运行风险、市场风险等;六是社情分析,出版社的性质、出书范围和综合能力如人员、资金等;七是选题延伸评估,包括就选题的修订和扩充。

【案例】

加拿大选题论证要有实物可见

加拿大的出版社非常注重选题论证,为此编辑要准备一份非常详细的针对市场的计划书(Title Information Sheet),并有专门的营销计划(Marketing Plan)。这份计划书的内容包括确定书名、类别、一句话简述、内容描述、读者对象、作者介绍、同一作者已经出版的图书、市场上相关类型的图书、本书卖点、促销方式、印制规格和数量、成本核算等等。并附有书的目录、部分章节，以及就内容提出的详细编辑意见。

也许这些内容大部分在国内的选题策划书上出现过。不同之处在于，其中的每一项都要经过严格的、切实的讨论，都要言之有据。讨论会上，所有相关人员都要出席并就每一本书提出意见。编辑除提出计划书之外，还被要求确定图书的外部形态及定价，甚至完成封面与版式设计，保证讨论时有实物可见。要作出详尽的成本核算，尽可能把一切可能发生的费用罗列清楚，根据不同的印数计算成本，列出盈亏状况。供决策层参考。还有一点非常重要，就是作出详细的市场计划，包括目标市场、销售的渠道、宣传的方式，等等。这些在国内的选题论证中常常是一带而过的内容，在加拿大却是要经过周密的可行性论证……

目前，国内出版社正在进行转制，图书出版更多地成为一种市场行为。在全球市场化的大环境下，借鉴先进合理的管理运作模式，提高选题的质量和成活度，成为一种必然的要求。以上海某出版社 2005 年的选题执行情况为例，根据年终的统计资料。全年计划出版的选题共 783 种，未完成的约 200 种，占当年计划出版选题总数目的 25.5%；其中推迟到第二年出版的有 80 种，取消选题的情况达 6.8%。取消理由归纳起来主要有以下 3 种：选题与出版社整体思路或现有市场需求脱节；内容质量不合格，无法找到合适的替代作者；图书的制作成本太高，出版社无法赢利，不愿继续投资。

面对国内出版选题的不稳定性，加拿大出版业选题论证的一系列做法，很值得我们参考与学习。

（张琳海，上海人民美术出版社）

3）稿件的三审责任制

选题论证通过之后，就将选题列入计划并实施。为保证出版产品质量，在选题计划实施的过程中，我国长期实行对书稿的三审责任制。在三审过程中，始终要注意政治性和政策性问题，同时切实检查稿件的科学性、艺术性和知识性问题。《图书质量管理体系》中规定：初审，应由具有编辑职称或具备一定条件的助理编辑人员担任（一般为责任编辑），在审读全部稿件的基础上，主要负责从专业的角度对稿件的社会价值和文化学术价值进行审查，把好政治关、知识关、文字关。要写出初审报告，并对稿件提出取舍意见和修改建议；复审，应由具有正、副编审职称的编辑室主任一级的人员担任。复审应审读全部稿件，并对稿件质量及初审报告提出复审意见,作出总的评价,并解决初审中提出的问题;终审,应由具有正、副编审职称的社长、总编辑(副社长、副总编辑)或由社长、总编辑指定的具有正、副编审职称的人员担任(非社长、总编辑终审的书稿意见,要经过社长、总编辑审核),根据初、复审意见,主要负责对稿件的内容,包括思想政治倾向、学术质量、社会效果、是否符合党和国家的政策规定等方面作出评价。有时候还要邀请社外专家审稿,并撰写审读报告。

【案例】

熊国祯同志指示本稿分批发稿,第一批先发《周易正义》《毛诗正义》《左传正义》三部分。拟编一细目,无细目则读者不知内容为何,于书中材料不便利用,就是看过本书的也不容易找到要找的材料。细目即请作者改定。

本稿是读书札记,这样的札记以前国内没有见过,因为它包括古今中外,偏重于比较文学,包括文字训诂修辞兼及哲理等。

就文字训诂说,《周易》——《论易之三名》,引了"易"的一字三义,比照"诗"的一字三义、"伦"的一字四义、"机"的一字三义、黑格尔的"奥伏赫变"一字有正反两义,从而概括出"并行分训"与"背出分训"。背出分训指一字有相反的二义,"背出分训之同时合训",指一字在句中同时具有正反两义。经过这样概括,提出了新的概念,这在以前讲训诂文字的书里似乎还没有见过。尤其是"背出分训之同时合训"看到人们没有看到处。在这里批评了黑格尔的妄论,贬低中国语文,为中国语文张目。又指出名辩之理,先正言后反言,纠正有人对《墨子》经说的误解,对读者有启发……

以上可说是本书的优点。对这部分稿子提了一些意见,见另纸。是否请作者改定拟目及作些修改后发稿,请批示。周振甫 1977.12.1.

(周振甫《管锥编》审读意见——附钱锺书先生批注)

5.1.2　政策导向论证

选题论证是保证图书质量的关键一步,如上文所述,政策导向正确与否至关重要。编辑人员首先要有起码的政治敏感,即对政治上的大是大非要有一个起码的判断。毫无疑问,理解和掌握相关管理规定对于进行选题策划和选题论证来说同样重要。2002 年 2 月 1 日起施行的《出版管理条例》第二十六条规定,任何出版物不得含有下列内容:

①反对宪法确定的基本原则的;

②危害国家统一、主权和领土完整的;

③泄露国家秘密、危害国家安全或者损害国家荣誉和利益的;

④煽动民族仇恨、民族歧视,破坏民族团结,或者侵害民族风俗、习惯的;

⑤宣扬邪教、迷信的;

⑥扰乱社会秩序,破坏社会稳定的;

⑦宣扬淫秽、赌博、暴力或者教唆犯罪的;

⑧侮辱或者诽谤他人,侵害他人合法权益的;

⑨危害社会公德或者民族优秀文化传统的;

⑩有法律、行政法规和国家规定禁止的其他内容的。

该条例第二十七条同时规定:以未成年人为消费对象的出版物不得含有诱发未成年人模仿违反社会公德的行为和违法犯罪的行为的内容,不得含有恐怖、残酷等妨害未成年人身心健康的内容。

此外,凡涉及国家安全、社会安定等方面的内容,对国家的政治、经济、文化、军事等会产生较大影响的选题都要由主管部门转报国务院出版行政部门备案。根据原新闻出版署颁布的《图书、期刊、音像制品、电子出版物重大选题备案办法》,下列 15 种选题为重大选题:

①有关党和国家的重要文件、文献的选题;

②有关党和国家曾任和现任主要领导人的著作、文章以及有关其生活与工作情况的选题;

③涉及党和国家秘密的选题;

④集中介绍政府机构设置和党政领导干部情况的选题;

⑤涉及民族问题和宗教问题的选题;

⑥涉及我国国防建设及我军各个历史时期的战役、战斗、工作、生活和重要人物的选题;

⑦涉及"文革"的选题;

⑧涉及中国共产党党史上的重大历史事件和重要历史人物的选题;

⑨涉及国民党上层人物和其他上层统战对象的选题;

⑩涉及苏联、东欧以及其他兄弟党和国家重大事件和主要领导人的选题;

⑪涉及中国国界的各类地图选题;

⑫涉及香港和澳门特别行政区、台湾地区图书的选题;

⑬大型古籍白话今译的选题(指 500 万字及以上的项目);

⑭引进版动画读物的选题;

⑮以单位名称、通信地址等为内容的各类"名录"的选题。

【案例】

《朱镕基答记者问》出版前后：说过的话就不要再改

2007年到2009年，《朱镕基答记者问》（见图5-1）的出版历时两年多。

"有读者收藏了有关朱镕基报道的剪报，有读者说很喜欢朱镕基的答记者问和讲话，可惜有的资料看不到。"《朱镕基答记者问》出版的最初动因，据人民出版社社长黄书元介绍，是为了满足读者要求。人民出版社因此产生了出书的想法。

2007年春夏之交，人民出版社将出版意向向朱镕基办公室反映，朱镕基办公室早在2003年3月朱镕基从总理岗位上退下后，就有将他在国务院工作期间的文献整理出版的打算，并做了大量的资料搜集和整理工作。朱镕基办公室同意编辑出版《朱镕基答记者问》一书后，编辑组又在更广泛的范围内搜索朱镕基回答记者提问的影音和文字资料，外交部、中央新闻纪录电影制片厂、新华社、凤凰卫视等都提供了协助。在出版前一个多月，编辑组又从中央新闻纪录电影制片厂找到了8次朱镕基在国外答记者问的胶片记录，立即整理增加进了书中并重新调版。

图5-1 《朱镕基答记者问》

人民出版社对一般书稿是三校，重要书稿七校八校，黄书元说，这次编校的次数更多。书中的他国政府官员、国际组织机构译名，前后不一致的都要统一，引文、英文也进行了反复核对。全社30多个校对，参与进来的有20多个。

黄书元说："老一辈革命家的书我们都出过，每一年的政府工作报告也是我们出。对党和国家领导人的书，客观地说，我们可能会更重视一点。因为如果有了差错，可能会被误读或误解。"

（摘自《南方周末》2009-09）

【本节要点】

1. 选题论证的程序、内容；

2. 与出版内容有关的政策规定。

【思考实践】

搜集更多案例，并讨论在出版实践中如何把握出版方向和政策尺度。

任务2　学术价值论证

【思考】

我现在越来越怕逛书店了,那简直像沙里淘金似的。面对着一大堆花里胡哨的封面,我不敢轻易掀开,怕发现这是一具具没有灵魂的躯壳。或者用句古话来形容:"金玉其外,败絮其中。"经过炒作、包装的快餐文化,缺乏的恰恰是灵魂。只能用过量的色素、味精来掩饰。长此以往,会慢性中毒的——或许这有点危言耸听,但至少会营养不良的。因为没有灵魂的作品也是没有营养的。可以用来消遣、休闲,却很难因之而获得真正的感动(那才是心灵的洗礼)。麻醉剂毕竟不能算治根治本的良药。

请阅读上面的文字,结合自己的阅读体验,说说你心目中的好书标准。

5.2.1　选题与文化选择

刘易斯·科塞在《出版文化与出版商业》中说:"出版业起着思想看门人的作用,他们决定让什么进来,又让什么出去。"古今中外的出版史表明,出版活动以对人类文化的选择、积累和传播来参与人类文化建设,并最终成为推动人类进步的强劲力量。因此,出版选题说到底是一种文化选择。

文化是人类在社会历史发展过程中所创造的物质财富和精神财富的总和,一般特指精神财富,如文学、艺术、教育、科学等。出版物作为文化的载体,它的内容,即它的文化含量直接影响当下和未来一段时间人们的文化素质,反映一个时代的精神文明状态。这里所说的文化含量,主要是指出版物中有益的信息、知识、思想、审美内容。香港联合出版集团总裁陈万雄说:"出版人不一定是思想家,但一个优秀的出版人必定是学术教育、文化思想、社会潮流乃至大家风尚的一个敏锐的观察者和深刻的思考者。出色的出版人,必定是社会潮流的引导者乃至推动者。"

出版选题要反映出版市场需求和阅读趋势,更要体现出版人自身的价值判断力和价值评估力。因此,作为思想把关人的出版人更要注重优秀精神产品对于大众文化的引导作用——不但要反对出版物的错误、腐朽内容,还要克服出版物的平庸浅薄,通过出版精品提升读者的审美趣味。

何为出版精品？在专家看来,出版精品有三个构成要件:一是它凝聚和浓缩了当代最新的文化成果,有高文化含量;二是它有创新,一出现就代表着某一领域、某一方面的一个新高度;三是这个精品能够普及,能逐渐为广大读者所接受,并因此提高本领域的文化水平,乃至全社会的文明水平,最后被载入史册。精品,总是以它独有的概括性、创造性登上历史舞台,并且为绝大多数的读者所接受,最后以一个文化坐标的形式在历史上占一席之地。

【案例】

那年·那人·那书——《万历十五年》出版纪事

黄仁宇先生写了不少历史专著,享誉中国海峡两岸以及日、美与欧洲英、德、法等国,但他为人所知,实是从《万历十五年》(见图5-2)开始的。这本书的出版,确实拓新了我们看待历史、观察社会的眼光。

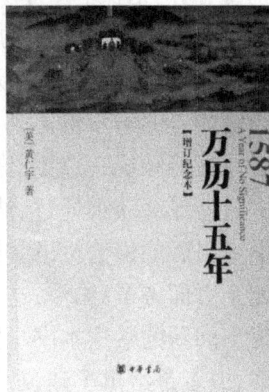

我当时在中华书局任古代史编辑室副主任,接到稿件后,倒是马上通读,并于6月16日写了一份审稿意见。意见一开头是做了肯定的:"万历十五年为1587年,约明代中期偏后。这一年并无什么突出事件,稿中这一年的事情记得也极少。稿中主要写了几个历史人物,即万历皇帝、张居正、

图5-2 《万历十五年》增订纪念版

申时行(此二人为首辅)、海瑞、戚继光、李贽。以这几个人为中心,叙述明朝中期的政治(如内阁组织、皇位继承、建皇陵、地方吏治)、经济(如漕运、赋税)、军事(如防倭寇)、思想等情况,作者想从这些方面说明中国封建社会的某些特点,正是这些特点导致明朝灭亡,而这些封建社会的固有弊病也影响着后代甚至现代。因此书名虽为'万历十五年',实际是论述明代中期的社会情况,着眼点是较广的。"

我在这里之所以详细引录这段审稿文字,是向读者介绍当时我作为一个普通的编辑,有这样的认识,的确还是不容易的,因为那时还是1979年。在那一时期,这样写,说老实话,我还是有一定顾虑的。因此在这段文字之后,我就提出几点意见,一是"写作的布局与文字,和国内现在写法很不一样""有些地方对外国人可能是必要的,但对中国人就显得累赘";二是译文有些地方,"文句不通,词不达意";三是"序言的后半部分涉及我国现在搞现代化建设,不好。"

《万历十五年》于1982年5月出版,初版一下子就印了27 500册,而且很快销售一空。全书将近20万字,当时定价为0.93元,这在现在也是一种罕闻了。在这之后,台湾马上要出新版,日本也要据中华书局版译成日文。我觉得,这些都出于

黄仁宇先生对历史发展的一种不同寻常的见识。

（傅璇琮，中华书局总编辑）

5.2.2　选题学术价值论证

　　出版物是知识、信息的载体，人类对于出版物价值的判断归根结底是对内容的价值评判。从宏观层面来说，出版选题体现出版者的文化品位和文化自觉性；从微观层面上说，每一出版选题都要有一定知识和文化含量，能够帮助读者学习知识、开阔视野、陶冶情操。对于大众读物而言，要注意其传递信息的真实性、实用性、生动性或趣味性和表达方式的有效性；对于教育出版产品而言，要注意知识的系统性、对象性和编排方式上的易教易学的特点；对于学术出版产品而言，最为核心的就是选题内容的学术价值了。在出版实践中，涉及对未知领域的研究时，出版者和研究者往往能够统一意见；更多的时候，研究者看好的选题，出版者不一定看好，或者不一定能最终获得通过、认可。

　　学术出版的价值标准是什么呢？法律出版社法学学术分社社长茅院生提出可以从四个方面考量：第一，这个出版物一定要提出问题，也就是提出了思想。如果没有提出问题的话这本书一定不是学术书；第二，一定是对问题进行了梳理，而且有答案，或者是给出了建议；第三，问题的提出和结论之间一定是采用科学的演绎体系，如果问题的提出和回答之间没有任何逻辑演绎和推理归纳，我们就不可能将之确定为学术书；第四，所运用的逻辑体系一定要建立在真实、考究的资料基础之上。他同时指出：这四个方面是我们考核、衡量一个学术出版物的基本形式标准。除了形式标准，其实质标准更需探讨。这是我们对读者和作者负责任的一个基本要求，没有标准的工作是很难创造出价值的。

　　有人说，出版选题策划活动就是一个不断被说服的过程。在选题论证这个环节中，首先要做的是充分认识选题价值；其次，在对选题进行全方位分析之后，形成选题论证报告，并据此说服决策者。这个论证过程既是对选题的科学性、可操作性进行分析评估，也是对选题进行优化、提升——通过反复论证最终形成选题的可行性运行方案。

【案例】

我的一个"第一"

　　1989年夏，我正伏案审稿，社领导径直来到我的桌旁，"小胡，《生态学的归宿——人类生态学》（见图5-3）入选中国图书奖了，评委们对这本书很感兴趣，要我们马上给每个人寄上一本。"当时我做编辑工作才六七年，听到这个突如其来的喜讯一下子就慌了，明明是马上给评委寄书，可是我跑东跑西转了半天，也不知道自己干了些什么。

当初我在报这个选题时,有的同志在论证时,就提出"人类生态学的书第一是冷门,第二国外出版的较多,第三国内上海某出版社也正出类似的书;第四作者名气不大"。面对如此充分的理由,一般编辑大多会放弃掉,而我看过该稿,且与作者多次信函来往,心里多少有一点数,于是就提出了自己的意见。人类生态学在国外的研究的确起步早,有不少成果,国内也的确开始出同类书,那不过是将国外的文献加以综述。而我看的稿子却有几个不一样,其一,作者

图 5-3 《生态学的归宿——人类生态学》

是国内真正为数很少的人类生态学研究性青年学者,思想活跃,立意较新;其二,作者的理论与文字功底非常扎实,有自己独特的研究方向与目标,作品极具中国特色,中国文化也渗透其中,与其他生态学著作相比更加有新意,说服力更强,观点更新,尤其是作者对中国的古生态观"天人合一"的完美描述和论证,完全表现了人与自然必须和谐共处的关系;其三,中国曾为世界四大文明古国之一,没有中国古代文明的生态观肯定不能称之为世界性的,且这本书作者的研究正好弥补这一不足,一定会产生影响。那时自己还年轻,很难说出更令人信服的理由,我就拿着原稿请有关领导审读。结果作者那美妙的文笔,具有中国特色的新颖观点打动了每一个看过的人,该书如愿出版了。

当年9月份《生态学的归宿——人类生态学》获第四届"中国图书奖"的通知终于来了,当时我的心反倒平静了,我感谢那些为本书作出一切努力的作者、社领导、编务人员、美编等等。

(胡春生,安徽科技出版社编辑室主任)

5.2.3　申请出版基金

选题论证实际上是对选题进行分析、选择、优化的过程,即通过论证,提高选题实施的科学性、可行性。对于学术价值较高而经济效益回报较少的选题,可以申请相应资助以确保选题顺利实施。"国家出版基金"(前身为"重大出版工程专项资金")就是用于对不能通过市场资源完全解决出版资金的优秀公益性出版物的补助,限于出版物的编辑、稿酬、版权费、校对、排印装、复制、原辅材料及资料购置等直接成本费用支出。国家出版基金的主要资助范围包括优秀盲文、少数民族文字、

"三农"读物、未成年人读物等公益性出版项目。还有一些专门用于资助学术著作的出版基金如"中国科学院科学出版基金""国家科学技术学术著作出版基金""华夏英才基金"等。

策划编辑应及时了解相关政策，为有条件的选题申请资助，有力推动具有较高文化传承价值的选题顺利出版。撰写出版基金申请书的时候，应按照项目申请书要求填写真实有效的信息；申请书正文部分阐明项目背景、意义和重要性，申请理由，主要内容、框架，项目可行性分析，社会效益、经济效益分析及总体目标，项目组织实施的条件和优势，风险分析及其他需要说明的情况。

【案例】

国家出版基金资助项目申请书

1.项目的背景、意义和重要性

《中国计时仪器通史》的研究与编撰工作，缘起于 2000 年。当时，在中国科学技术史学会计时仪器史分会理事长薄树人研究员的主持下，计时仪器史分会制订了一项大型的研究与编撰计划，拟完成 4 部 11 册著作（包括《中国计时仪器史》1 部 1 册；《中国计时仪器史丛书》1 部 6 册：《中国时政及测时、授时史》《中国日晷史》《中国漏刻史》《中国古代机械计时器史》《中国近代钟表史》和《中国当代精密计时仪器史》；《中国钟表史话》1 部，分古代、近代和现代 3 册；《中国历代计时仪器图录》1 部 1 册，收图约 300 幅），初步选定了参与工作的主要人员。这是一项庞大而宏伟的计划，对于全国范围的中国计时仪器史研究工作起了积极的推动作用。可惜，由于研究经费和出版问题没有得到落实，计划迟迟未获进展……

本项目是关于我国计时仪器史的集大成之作，填补了国内外相关领域的研究空白，具有重要的学术研究价值和资料价值，其出版发行意义非凡。本项目在实施过程中，历经 10 多年沧桑，先后有 4 名著名学者过世，陈美东理事长在完成上卷（古代卷）统稿工作以后，还抱病指导下卷的编写工作，直到逝世前还关心这部著作的进展，并委托华同旭教授负责协调全书的编写出版。

2.项目申请理由

时间是基本物理量。时间计量是定义和测量一切运动、一切过程的基础。计时仪器，作为时间计量的工具，它的发展，在科学、技术乃至生产的发展中，占有一席不容忽视的位置。

时间标准的产生和标准时间的应用和普及，在古代已属国之大计，到现代则是一项重要的"国际共计"。其中不同时期的计时仪器，其性能与功效与各个时代的技术进展同步。在古代，用于时政和科学的计时仪器主要与天文测时相配合，可以归为天文仪器的一个门类，因而它的历史一直紧密地结合到古代天文学史。

我国古代天文学历史悠久,成就辉煌。近数十年,集全国同行之力,在中国古代天文学史的整理与研究上做了大量工作,成绩显著。其中计时仪器方面亦不乏力作,但相对来说,整体上尚失之零散、且存在缺环。本书的古代卷在前人已有研究的基础上,对中国古代计时仪器的历史展开全面、系统的探讨,以史料(包括文物)的广泛收集和整理为基础,辅以必要的复原研究和模拟实验,充实了各个部分的内容,补齐了诸多环节(如各式日晷的天文、数学原理的论述等)。这一卷的完成,不但贡献于古代仪器发展的研究,对于我国古代天文学史的进一步完善和发掘,无疑也具有重要意义。

(杨多文,安徽教育出版社编审)

【本节要点】

1. 出版选题与文化选择

2. 出版价值与学术价值

【思考实践】

找出同一类别的几种书,分析每一本书的出版价值,比较优劣,并提出选题优化意见(见表5-1)。

表 5-1　选题优化意见表

	基本信息 (版别、定价、字数等)	出版价值 1	出版价值 2	不足之处
图书 1				
图书 2				
图书 3				
图书 4				
图书 5				

任务 3　市场价值论证

【思考】

经常有人问我,我如何决定是否该出版某一本书。要回答这个问题很难,因为做出这样的选择完全是一种个人行为,带有很强的主观性,没有什么规律可循。我只能说,于我而言,我很少出于商业原因来甄选书籍或者作者。要想做好出版,出版人就必须对书籍本身充满热情。对我来说,要想做到这一点,我就必须真正喜欢这本书,而要喜欢这本书,我就必须真正赞赏这本书的品质。这就是我唯一的原则。一旦作出了决定,接下来就开始操作。首先在出版社内部传播这种信念,然后再传播到外界。

——汤姆·麦奇勒(英国《书商》杂志形容其为"英国最重要的出版人;最有创意、最富冒险精神,也最有新闻价值")

请仔细阅读上述文字,谈一谈你对这段话的理解。

5.3.1　选题市场价值分析

出版是传播意念、争取读者的行业。前者使出版产生影响力,后者使金钱的回收成为一门生意。从这个角度来说,选择有传播价值和传播能力的出版选题至关重要。毫无疑问,在做好前面所说的政策导向论证和学术价值论证的同时,对选题可能具备的传播效力、潜在的市场价值、可预期的经济效益等方面进行评估是必要的,也是必须的。

对于选题学术或者精神文化价值的判断,着眼于选题的引导性和独创性;对于选题市场价值的判断,则注重选题的市场针对性和前瞻性。一般来说,具有一定实用性,且内容和文字表达独特的书具有畅销潜质。基于对市场的熟悉程度和对作品的深入分析,经验丰富的策划人员往往能够对选题的市场价值作出大致预判。然而,对于一般编辑人员来说,判定一个选题的市场价值或者说销售潜力是一件相当复杂的事情。台湾出版人陈颖青提出了"书的七力分析"概念,即作者知名度、主题感染力、内容精彩或扎实、目标市场规模、竞争品供应量、价格和形式、其他外部条件等,并制作了简易表格,如表 5-2 所示。

表5-2　图书七力分析表

七力分析	分　数	权　重
作者知名度		1.5
主题感染力		2.0
内容精彩或扎实		2.0
目标市场规模		1.0
竞争品供应量		1.0
价格和形式		1.0
其他外部条件		1.5
小　计	0	10.0
百分制换算	0.0	

* 请在"分数"栏内填入数字1~10。

　　策划者可以把自己对选题的理解情况一一填入,产生一个百分制的积分。然后与想要参照的选题的积分比较,得出自己选题的销售潜力较大或是较小的结论。同时,观察这个表,也可以看出选题的强项和弱项,有助于对选题作出有效的未来规划。

【案例】

准确的市场判断是《不过如此》畅销的前提

　　2001年的图书市场相当低迷,全国名人书有近两亿元码洋的积压,但华艺出版社推出的崔永元的《不过如此》(见图5-4)首印30万册,半个月就销售了45万册,最终突破100万册,创造图书销售的神话。

　　一本书的起印数到底怎么确定? 它的总发行量又能有多大? 这首先是个市场判断问题。

　　第一,《不过如此》一书的目标读者群定位很广泛,18~25岁是大学生的成长规划期,他们从进入校门起就得考虑跨出校门的人生选择和人生规划,这段期间除了专业知识外,还会涉及其他比较宽泛的知识,阅读的需求是很强的。平民主持人崔永元的

图5-4　《不过如此》

口才特别好,知识面也非常宽,他是很受年轻读者欢迎的;另外他主持的"实话实

说"节目每周都和全国观众见面,节目形式以及崔永元特有的幽默机敏、妙语连珠的形象在全国普遍受欢迎,观众号召力强,所以很多年龄稍大的人也会是他的忠实读者。

第二,类似图书的市场表现。这是指那些类似的名人名家作品的销量或某个作者近期作品的市场表现。这几年名人出书热潮只涨不跌,让人们看到了名人市场的巨大潜力。崔永元因中央电视台的"实话实说"节目红起来了,全国的电视观众几乎都认识他,加之他的知识面非常宽,又有很好的写作基础,因而具备借名人之势造就畅销图书的基础。

第三,人气。人气指数反映读者的关注程度。在中国内地的"脱口秀"节目中,大概没有谁比崔永元主持的"实话实说"更有观众缘了,其幽默机智、妙语连珠的主持风格给观众耳目一新的感觉,得到了观众的广泛认可。

在定价方面,该书策划者根据市场调查,预计肯定会买这本书的只有 10 万读者,要让更多的读者买这本书,要发行到 40 万册,就要降价。该书最终以 19 元的标价推向市场,快速热销。

(方卿,邓香莲《畅销有理——畅销书案例评析》)

5.3.2　选题市场定位

对选题的市场价值进行判断,评估选题的市场潜力,这是选题实施可行性的一个重要方面。在此基础上,策划者应进一步分析市场,进行精确的市场定位,描述产品的读者群体。著名策划人金丽红说:"出书前的第一件事是先问自己,'我出的这本书给谁看?'这个问题弄清楚了,后面的问题也就迎刃而解了。"换句话说,当一个产品的读者对象清晰可辨时,这个选题才有实施的可能,选题运作的方案才具有可行性,面向大众的出版选题更是如此。相对而言,教育出版产品和学术出版产品的读者对象比较具体,大众则是一个模糊的概念。在畅销书策划的黄金搭档"金黎"组合看来,现在的购书人群有三大类:第一类是 12 岁到 18 岁的青春阅读群体,他们是阅读主体,他们的阅读以学习知识、了解社会、增长阅历为目的;第二类读者是 18 岁到 36 岁的青年白领读者,这部分人阅读是以认识社会、融入社会为主;第三类是银发读者,以 55 岁至 70 岁的人群为主,这些人有钱、有闲、有阅读欲望,是满足愿望和偏重实用性的一群读者。

熟悉上述三类人群还不够,具体的选题和特定读者群的需求达成一致往往需要策划人员的精心规划。在出版选题策划实践中,有根据既定市场目标选择书稿的情况,如《杜拉拉升职记》《好妈妈胜过好老师》等,这种情况需要策划人员深入观察、耐心等待——不是没有需求,而是市场上缺乏合适的作品;也有为现有书稿找市场定位、对产品进行重新规划的情况,如《暮光之城》在国内上市前就已经在美国畅销,但国内众多出版者就是因为其主角带有"吸血鬼"元素而犹豫,担心中国读者不能像西方读者那样接受这类题材,而接力出版社以其独特的眼光看到了故事情节的爱情本质,最终将其定位为一部青春爱情小说在中国出版,赢得了市场的热烈反响。这种情况意味着策划者对选题的深刻理解和对目标市场的深入观察,找寻两者可能的契合点——选题论证时对选题的市场价值评估和优化设计尤为重要。

【案例】

"我的第一本科学漫画书"系列 重新定位"绝境"中求"生存"

2005 年 2 月,"青少年生存应变能力大挑战:绝境生存秘笈"系列修订再版时,变身成为"我的第一本科学漫画书"。前者来自外版书的丛书名,后者是二十一世纪出版社在修订时重新确定的系列书名。

原丛书名"青少年生存应变能力大挑战:绝境生存秘笈"是这四本书的主题,直接概括了这四本书的内容。但是,这一书名也成了整个系列继续延伸的瓶颈,毕竟"绝境"的范围很小,给作者和出版社发挥的空间有限。同时,在我国当前家长和老师的主流教育思想中,孩子的学习成绩和人身安全是至关重要的,而"绝境"和

图 5-5 "我的第一本科学漫画书"

"生存"这种冒险的事情对于孩子们来说并不是主流教育所提倡的,不足以吸引老师和家长这两类既有话语权又有购买力的人群。

"我的第一本科学漫画书"(见图 5-5)则不同。首先,"科学漫画书"涵盖的范围很广,所有以漫画的形式表现科学的内容均可纳入其范畴,因而为这一系列更广泛的拓展预留了空间。只有系列中不断增加品种,才能够更好地树立其品牌,进一步体现出系列化产品的优势,这种优势包括延展该系列中单本书的生命周期、降低后续产品的设计成本、摊平单本书的营销成本,等等。如果没有一个能包容众多图书的系列名,也就很难在市场和读者心中树立这样的一个品牌。第二,"科学漫画书"中的"科学"凸显了该系列图书的目的在于传播知识,这就很容易为广大老师和家长们所接受;同时,"漫画"又是孩子们喜闻乐见的图书内容表现形式,生动的冒险故事、趣味盎然的科普知识都会吸引孩子们阅读。这样一本书能够受到读者(孩子)、购买者(家长)和"专家"(老师)等各方面人群的认可,也为其畅销奠定了

市场基础。

二十一世纪出版社对漫画书《绝境生存秘笈》进行修订时,不仅对内容进行修正,还重新定位了图书的丛书名和品牌,设计图书的开本和定价,规划新的营销策略,进而发展成为一条科学漫画书的产品线。

（杨毅,北京开卷图书信息有限公司）

【本节要点】

1.选题信息的含义、特点;

2.选题信息的类型。

【思考实践】

分小组展示上一章的实践项目"××选题报告",要求给出完整的选题创意方案,详细阐述选题内容、结构体例,科学性、适用性、时效性,两个效益等情况。然后,组织大家分别对其进行政策导向论证、学术价值论证和市场价值论证,并提出优化建议(见表5-3)。

表5-3　选题论证表

	政策导向	学术价值	市场价值	优化建议
选题1				
选题2				
选题3				
选题4				
选题5				
选题6				

【延伸阅读】

出版集团选题论证之探索

选题论证,对于出版人而言,其重要性不言而喻。笔者在出版社、出版局工作过,曾经经历过不同时期、不同要求的选题论证。如出版社的选题论证,市场调研,逐级讨论,千挑万选,优中选优,但关注的是微观,是单个产品的经济效益,是出版社自身利益最大化。这些选题是否与其他社冲突、重复,往往考虑得比较少。出版局组织的论证,比较关心选题的政治导向,对选题的经济效益虽然也强调但缺少认真的分析。因为凭着出版社提供的几十个字或者几百个字的内容简介,在很短的时间内，又怎么能够科学地预测选题的实际效果呢？在集团化的背景下，如何科学有效地开展选题论证，做到既保证选题的质量，又体现集团的整体利益和产品战略，确实是一个新的课题。笔者2004年到出版集团分管出版社后，在组织年度选题论证时也曾颇费踌躇。选题论证虽然只是出版工作中的一环，但却是出版产业链中的第一推动力，是出好书、出效益、出人才的基础。这种事关出版社生存与发展的大事，论证的方式与程序不能流于形式，务必要取得实效。但出版集团既不能代替出版社去市场找选题，又不能光就政治导向谈一些大道理。如何创新选题论证的形式与流程呢？几年来，我与出版产业部的同志一起，做了一些探索。

一、重视整体，忽略局部，重在通过论证找到出版的方向、路径，构建合理的产品结构。成立出版集团，其初衷就是"造大船"，让中国的出版业做大做强，但如果仅仅是将原有出版单位合并在一起，并不是出版人的目的。如果要让这只大船既"大"又"强"，就必须让进入出版集团内的出版社发生"化学变化"。如何发生变化，落脚点还是体现在出书上。过去集团内的各家出版社为了自身利益，或者短期利益，产品重复现象严重，内部互相竞争，出版社虽有专业分工，但特色并不明显，竞争力不强。要改变这种局面，就必须从选题抓起。

要让出版集团内各家出版社形成相互补充的产品集群和合理的出版结构。选题论证虽是一个微观的技术性的问题，但却是关乎出版社、出版集团发展的大问题。各家出版社出什么书不出什么书，从出版社到出版集团，首先必须统一思想、明确方向，然后落实到选题上。为此，我们在调查研究和广泛征求出版社意见的基础上，制订了各家出版单位特色定位、产品方向的指导性意见。出版社根据指导意见，再依据各自的专业方向，编辑实力、出版积累，已有的社会影响和竞争对手的强弱，来考虑产品的方向和选题的结构。因此，出版社参加集团的选题论证会议，就不仅仅是一个就选题谈选题的会议，是一个继续统一思想，明确方向的会议，是在出版实践中如何体现自己出版追求的会议。于是，出版社经过较长时间的充分调研和反复论证，制订了各自的年度选题，然后通过数字、材料、图表，向与会者论述自己制订这些选题的初衷和实施措施。这种论述过程既要考虑微观，也要观照宏观，论述者在陈述时必须用观点统率选题，要用选题来说明观点。做到条分缕析，观点鲜明，材料翔实。出版方向，细分市场，优势版块，产品线，产品规模，以及投入的准备，预期的效益等，都要围绕选题讲得明明白白……

二、重视系统性与连续性，不就某一具体选题，某一年度的得失加以评判。出版社的年度选题的经营效果，有时在短期内，甚至在一个出版年度内都很难看出其价值与效果。有些当年并未畅销的书，由于某一原因的推动，可能未来三至五年会成为畅销书或常销书。所以，论证选题仅仅考察当年的经营成果并不能完全说明当初论证的正确与否。因此，每年论证选题时，为了检验上年度选题的质量，各家出版社要将前两年甚至前三年每本书的销售业绩统计出来，并将论证时预计的经济效益与实际经营结果加以比较，检验一下自己当初论证时的评价是否符合实际，通过查找原因，从中总结出规律。论证不仅要重视总结成功的经验，还要找出失败的教训。对于上一年度效益明显与预期有差距的选题，出版社还要说明是选题脱离了市场，还是在具体落实中没有做到位，是否内容编排、投放时间、产品定价、产品推广的某一方面出了问题。如个别社当初论证时曾将某些选题作为当年经营的重中之重，希望能够带来丰厚的回报，结果适得其反。次年通过坦诚的分析原因，就能避免再犯同类的错误。作为讲述者，虽然抖出了家丑，但对于整个与会者却感觉获益匪浅。所以论证会不仅仅局限于论证选题，还要对出版社的选题经营结果进行评估。选题论证的时间虽然只有两三天，但各社通过坦诚的交流，共同分享出版实践中的得与失，教训也变成了经验，探索中找出了规律，使选题论证和产品经营一年迈上一个新台阶。

三、既重视宏观概括，更重视定性定量分析，论证时不仅要有文字材料，还要求用数字和图表，通过 PPT 演示进行汇报。出版社作为一个企业，对其选题的价值、选题经营成果的评估，如果仅仅用几句话来概括就缺少说服力。选题的质量如何，只有用市场反馈来的数字才更能说明问题。所以论证时，我们要求出版社不要笼统和抽象地谈观点，而要通过数字，通过对比来进行分析。如我们每年下发选题论证会议的通知时，会有针对性地提出一些要求。如要求各社要统计当年的生产码洋、发货码洋、库存图书码洋，还要求列出每本书的利润情况，责任编辑个人的发货码洋、创利情况。出版社在分析经营成果时，一定要用数字来说话，在评价出版社的地位时，最好采用中介机构的数字，如开卷信息技术有限公司提供的数字来说明问题。这些经营成果不仅要用数字表格来加以说明，有时还要求用柱状图、曲线图、饼状图来表示。同时，我们在下发选题论证通知时，集团出版产业部会将演示的要求发给各社，要求各社的一把手必须亲自审查内容，亲自汇报。所以，各社的思路、效果，孰优孰劣，通过演示一目了然。每年集团的选题论证会，各社负责人都高度重视，社长本人不仅反复指导修改本社的汇报材料，在集团统一要求的基础上有所创新，有些还亲手制作演示的 PPT。这些演示的内容在集团召开的会议上汇报后，各社也会在本社再加以利用，让全社员工都知道当前的经营情况与竞争态势。

四、不仅重视出版产品中所占比重较大的教材教辅，更重视对一般图书市场表现的分析。教育产品目前仍是大多数出版社的当家产品，这是不争的事实。我们在鼓励出版社做好教育产品，包括做好本省本地区教育行政资源开发的同时，特别重视一般图书的选题质量与生产经营效果。每年选题论证时,我们会要求出版社将这两类产品分开表述。在一般图书选题论证时,会提前取得"开卷"上各社的经营数据,分析出版社一般图书的市场地位及变化情况,分析各社在不同版块间的表现。我们通过反复强调市场占有率,出版社在重视教育产品生产的同时,也投入更多的人力物力加大一般图书的选题策划与营销推广,经过几年的持续努力,目前出版社一般图书的市场占有率在原有基础上都有所提升。因此,出版集团整体的市场排位也从成立之初的第十六位上升到2010年的第六至七位。

五、不仅重视对自身的反思,更重视对竞争对手的分析。在市场的竞争中,胜利者往往不取决于自身的实力有多么雄厚,关键是取决于你的竞争对手是否强大。我们要求各家出版社每年一定要找出五家竞争对手。在选题论证时,要分析这些竞争对手的产品优势,目前的市场地位,自己出版社产品的市场表现,与竞争对手比较后的优势与劣势。出版社不仅要分析当年的竞争格局,还要用曲线图动态地说明与竞争对手在一定时期内市场地位的此消彼长。通过分析原因,出版社要采取措施,扬长避短,保持自己的竞争优势。在某一细分市场上,竞争对手进入了自己的优势版块,就要考虑如何扩大生产规模,或加大营销力度来巩固自己的市场地位,如果准备进入对手的产品领域,就必须避开其锋芒,寻找薄弱点,找到切入口。为了观察集团整体的市场表现与变化,集团本身也根据市场情况确立了五家竞争对手,在选题论证会上,也会用曲线图将每个月的市场占有情况,以及对手优势版块与自己的产品进行动态的比较,以了解集团和出版社目前的市场地位。

(周百义,长江出版集团总编辑)

模块6

出版选题设计

学习目标

知识目标

1. 了解选题著（译）者的选择标准；
2. 熟悉服务著（译）者的工作要求；
3. 熟悉出版选题读者定位的意义；
4. 掌握出版选题设计的内容和要求。

能力目标

1. 能为出版选题寻找合适的著（译）者；
2. 能分析出版选题的读者对象，并准确定位；
3. 能根据读者定位提出产品设计要求；
4. 能有效沟通各方，完成出版选题设计。

任务1 选题组织

【思考】

会做到心力交瘁的编辑,大部分都责任心重,他们对书很执著,对品质尤其不敢疏忽,书的前前后后、里里外外,各种细节全部都要亲自看过(好几遍)才能放心。所以只要拿到手上的译稿品质欠佳,他们的噩梦就开始了。稿子不敢退,因为那个译者根本不胜任,退回去只是浪费时间;外发也没人愿意接,即使有幸发出去,没多久外编也会来电毁约。因为改烂稿子花的力气比从头翻译更麻烦,可是报酬却差太多,而且名声全部奉送给之前的译者,怎么算都不是个好生意⋯⋯

——台北猫头鹰出版社社长,陈颖青

请阅读上述文字,思考选题组织实施过程中要注意的问题及处理办法。

6.1.1 寻找著译者

大多数选题都是编辑策划并组织实施的,在选题论证通过列入选题计划之后,就要进行选题组织工作了。在选题组织过程中,最为重要的环节应该就是寻找合适的著译者了。选择合适的人,做合适的工作,是选题策划人应该具备的基本素养,拥有广泛的社会人脉,有尽可能多的作者资源是选题策划人成功的先决条件。选题策划人,尤其是专业出版领域的选题策划人应该广泛结交专业人士尤其是专家,有意识地积累相关人才资源,保证选题得以有效实施。为此,选题策划人员应具有相应专业背景或者专业素养,在与作者沟通的过程中能获取作者的认可,减少沟通障碍。同时,选题策划人必须善于分析、甄别、把握,智慧地作出判断,切忌只看权威性,忽略作者的创作意愿及其它可能存在的影响因素。

事实上,著译者的创作过程是一段艰难的时光。从签约到交稿这段时间内,著译者可能因为本人工作、生活中这样或者那样的原因中止创作,或者无法保证文稿的质量。无论哪种情况,编者和著译者都是不愿意面对的。对于出版单位来说,这样的情况毫无疑问也增加了出版的难度或成本。因此,对于选题策划人或者出版单位来说,积累作者资源并慎重选择著译者是工作的重中之重。

【案例】

七年打磨“虫”书

自1923年周作人将《昆虫记》(见图6-1)介绍到中国,近80年来,不断有转译自英文或日文的改写本或选译本面世,版本纷杂迷人眼,却没有一部直接译自法文的中文全译本。对于一部影响了世界几代人的创世经典来说,这不能不说是一种遗憾……

整整五载啊,各种甘苦,冷暖自知。找原著,遍寻各大图书馆而不得,最后是中山大学的梁守锵先生向法国奈特-克鲁高等学校研究院 J. L. 戴刚先生求助,才从法国借回法文原著。请译者奔走于各大城市,四处碰壁,几度易人。《昆虫记》兼具科学与文学双重价值,对翻译的要求之高,足以让人望而却步,更何况稿酬又如此有限,约稿受挫当在情理之中。虽有此心理准备,我也曾数度冒出放弃的念头。有的译者在我的蛊惑之下,约稿时自然是宾主尽欢,可是当我春风得意地回到广州却遭遇当头一盆冷水,退回的原著已经先我而至了。有的译者已经译了好几万字,也因种种原因停笔了。这类场景几次上演,令我欲哭无泪,至今仍历历在目。

图6-1 《昆虫记》

(邹崝华,花城出版社编辑)

如何寻找作者或译者呢? 图6-2 是对现有媒体环境下,出版人获取作者资源方式的简单梳理,策划编辑可以通过不同途径与相关作者或译者取得联系。当然,能否获取作者信任与支持是另一个问题。毫无疑问,在编辑本职工作中的专业和敬业精神肯定是赢得作者信任的最重要因素。

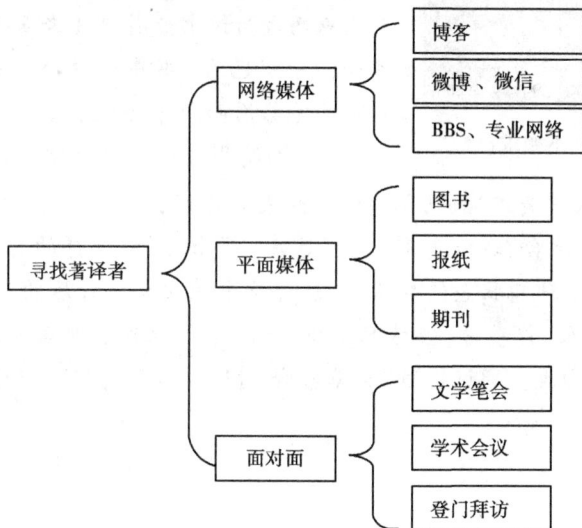

图6-2 寻找作译者

6.1.2 确定体例

作者确定以后,为了使文稿更好地体现编辑策划意图,策划编辑往往需要积极与作者沟通,共同确定编写体例。体例即著作的编写格式或文章的组织形式,包括:标题、序言、评议、注解、目录、凡例、索引等项内容。一方面,编辑更熟悉出版规范要求,且需要在这方面把关;另一方面,对于很多大众生活类选题和教育类选题而言,编辑更熟悉读者的阅读需求和阅读习惯、偏好。因而,在内容构架方面往往能够提供一些较为实用、有效的建议。

【案例】

刘观涛:我是这样策划《求医不如求己》的

图6-3 《求医不如求己》

尽管"中里巴人"的博客写得非常生动,深入浅出,也很实用,但毕竟"中里巴人"还是个非常普通的网友,没有任何名气。所以,我就不断和"中里巴人"沟通,希望他能在现有的文字基础上,采取案例故事切入 + 易学高效招法 + 健康人生感悟的独特写法。这样,就会突破当时洪昭光系列、刘太医系列的风格。我认为:一本畅销书的蓄意打造,已经不能凭借单纯的一个新卖点,而要多个卖点同时支撑。对这本书而言,最终的健康人生感悟成为该书最引起读者反响、共鸣的卖点。另外,"中里巴人"书中的每个自我保健手法,都非常易学易用而效果不凡,相当于每篇文章都是一个《人体使用手册》的一招三式。而"中里巴人"类似贾平凹式的美文笔调,也让这本健康书具有了更大的阅读快感。为了和作者更深入地对话、磨合,我没有对"中里巴人"提出这样、那样的具体要求,而是首先自己动手写出了理想状态的样章,标注样章中藏在文字背后的"策划意图"。然后,发给"中里巴人"作参考,当然只是供参考,不要求作者照着样章写作,而是给作者以充分的自由度。通过这种"样章磨合",双方心有灵犀,沟通默契,图书的写作非常平稳地推进……

(刘观涛,中国中医药出版社编辑)

6.1.3 服务著译者

写作不是一件容易的事情,无论是文学作品还是专业图书,更何况作者本人可能还会遭遇某种情况。因此,要想确保选题如期运作,选题策划人在选择好著译者之后,还要与他们保持密切联系。首先是定期跟踪写作进度:一方面表达关切和热心,几乎没有作者会对编辑给予的热心鼓励与支持无动于衷;另一方面,善意提醒著译者应保持的写作进度,并且随着时间的推移适当改变语气,形成适度的压力。其次,与作者良性互动,帮助完善作品。经验丰富的编辑人员不仅拥有丰富的作者资源,还注意适时关注作品创作情况,给著译者提供建设性的,甚至是颠覆性的意见。实践证明,著译者有些时候需要编者的呵护之心,即照顾著译者,支持他们完成写作。在跟踪写作进度的同时,真诚地给予鼓励和意见。比如读一读已经完成的稿件,提供一些有用的意见;了解他们写作中的困难,给予同情,并传递有价值的情报;聊一些出版社的动态,等等。

当然,不同的著译者工作、精神状态不同,与编者的沟通方式也不同。上述内容,对于非职业化的或不成熟的作者而言应该是相当重要的,而成熟的作者则会把写作当成自己的工作,会处理好各方面的问题,至少不会把写作搞成一团糟。事实上,无论哪一类作者,编者适时给予鼓励与帮助总是有好处的。很多时候,编者的参与很可能大大提高稿件的质量,因为编者更熟悉读者的阅读心理与习惯,能找出作品中的亮点。

【案例】

我"逼"赵忠祥写书

1995年3月15日上午,我们在梅地亚宾馆大堂见了面,在咖啡厅谈了近两个小时,我谈组稿意图,老赵谈他的看法和工作情况。终于,他答应给我们写稿……

但是,之后的事情并不那么顺利。据老赵说,随即他就后悔了,因为此后一段时间他工作特别忙。仅就我所知,这期间,除计划内主持《人与自然》的工作外,他去过芬兰,又到俄罗斯、波兰拍摄"二战"战场的专题片……这期间,我的任务是"催"。只要老赵在国内,我几乎每隔十天半个月就给他一个电话,还以"我什么时候到北京看稿子"来"逼"他。一诺千金,在外部压力和内心责任感的驱动下,老赵开始了他的创作……

1995年8月中旬,我第二次上北京。在《解放日报》驻京办事处的小房间里,我把这10多万字的稿件看了整整三天。在看稿件时,我既着急又兴奋。着急的是,因为老赵口述时漫无边际地谈天说地,这

图6-4 《岁月随想》

10多万字、两百多页的稿件，可以说没有一页能直接变成铅字；兴奋的是，它犹如一座含金量十分丰富的金矿，只要深入开采，便可提炼出大量的纯金……经过反复的交流、商讨，我们为本书构建了框架。全书分为3个部分：岁月篇、随感篇、谈艺录。经过对10多万字录音稿的梳理，我们拟出了近十篇文章的题目……

1995年10月3日，为了《岁月随想》（见图6-4），我第三次上北京，原打算粗略看一下书稿，与老赵共同解决一些疑问，便携稿返沪。但看完书稿后，我不得不改变主意。原因是"岁月篇"的分量太轻，8月份拟定的几篇文章有的内容太单薄，有的一字未写。于是，我与老赵"摊牌"说："我不马上走了，你什么时候写好，我什么时候编辑处理完毕，再回上海。"我还自作主张地和他分工：我编辑处理已写好的书稿，老赵赶写他未写好的文章，两人相互督促，齐头并进。一句话，逼得老赵非把稿子写出来不可……

（陈军，上海人民出版社编辑）

6.1.4　获取文本

无论是作者自投稿件还是编辑策划组织的稿件，在文本即将确定交付时，选题策划人员需要做大量工作。首先是进行预算，无论是出版时间还是印量、定价等相关数据都要进一步确定（这些虽然在出版计划拟定之初就已经进行预算了，但是此时的情况可能会有改变），以保证选题实施不偏离既定目标。其次，紧盯出版时间表、与相关部门保持联系，让出版流程里的每一环节都进行事先规划。排除紧急情况的特殊安排，一般的选题出版都是按部就班地进行的，为保证一切顺利进行，选题策划人员需做好如下工作：

①确定收稿时间和编辑加工期限，提醒文字编辑有所准备。在稿子送达并审核之后，文字编辑可以立即开始稿件的编辑加工，确保在规定的日期前完成文稿编辑的一切工作。

②知道确切的校对期限，并将日期告知作者，要求作者在规定的时间内完成稿件的最后审核工作。

③联系设计部门，确定合适的人员为文稿做设计。同时需要注意分析这本书有无特殊之处，是否需要专门设计；是否需要特殊纸张印刷；封面图片是否需要申请核准使用。

④制作部门只有知道稿件送达的具体日期，才能安排书稿完稿时间以送达印刷厂。印刷厂要知道可靠的日期，知道什么时候可以制版、印刷。否则，印刷档期很有可能会被推迟。

⑤既要与营销部门联系，明确出书时间，更要明确选题的独特价值。与营销部

门一起商讨选题的营销策划方案,提前进行市场营销布局。

完成以上工作之后,等待收稿。接收稿件时应注意检查稿件的完整性。面对不完整的稿件,相应人员无法开展编辑加工等工作。完整的稿件包括:书名页、目录页、前页资料(前言等)、内文全部、注释(若有的话)、完整的参考书目、所有的插图要标清楚名称和在文中的位置及取得使用权的书面证明等。

【案例】

非常时期的非常出版

2003 年,张积慧护士长的《日记》被《人民日报》摘登的第二天,凭着职业的敏感性,广东教育出版社的编辑马上意识到:《日记》全文应该是一个非常好的图书选题,将它编印成书出版,不仅能让广大读者了解医务人员无私奉献、救死扶伤的事迹,更能弘扬伟大的抗"非典"精神。这一想法立即得到了社领导的首肯。

《日记》的选题一经确定,马上就得到了中共广东省委宣传部、省新闻出版局、省出版集团、关东教育出版社等各级领导的高度重视。他们不但积极地统筹编、印、发的各个环节,协调各部门之间的通力合作,还亲力亲为,深入到编辑、出版的一线工作中,给予具体的指导。冒着被"非典"传染的危险,该书的编辑们数次深入广州市第

图 6-5 《护士长日记》

一人民医院,终于在 4 月 26 日拿到了作者的出版授权和全部书稿。在整个编辑过程中,大家还先后多次到市一医院找作者和有关人员进行采访,补充图片或文字稿件。在双休日和"五一"节,全社的编、印、发各环节 24 小时不停顿运转,并采取滚动编、排、校的出版方式,随时补充新内容。5 月 1 日晚,书稿基本终校完毕;5 月 2 日清晨 6 点多,编辑陪同作者到省委办公厅取回张德江书记为该书所作的序言,并立刻送去排版公司排版。《护士长日记》(见图 6-5)的出版,创下了广东教育出版社的一个记录:单本图书出版周期最短,从编辑、排版、校对、印刷只花了 9 天时间。

(艾薇,邓香莲)

6.1.5 编辑文本

对文本的编辑加工是编辑工作业务中的重要内容。这一环节中,编辑需要按照出版的要求对文本进行检查、修改、润饰、标注、整理提高,以达到消灭差错,弥补疏漏,规范文字,提高总体质量水平和可读性的目的。对于首次出版的文稿来说,编辑文本重要的是以原稿为蓝本做好编务工作;对于翻译引进和再版的选题,务必

做好不同版本的校勘比对工作,然后对相应内容进行注疏。

这个工作过程能够充分检验编辑的技艺和工作态度,优秀的编辑不仅可以减少文稿中的差错,而且能够与作者积极互动,使书稿质量达到新的高度。英国知名书评人阿历克谢·克拉克在《编辑是一门正在消失的艺术》中记述了这样一个故事:经纪人戴维·米勒计划出版一本短篇小说《今天》,他认为书稿会草草地尽快走完出版流程,但真实的经历确实与这想法并不一致。他在独立大西洋图书公司的编辑拉维·米尔扎达尼对他寄去的3.2万字手稿回复了一封长达20页的回信。米勒说"信中充满了绝佳的建议",从年代错误、前后不一致到不恰当的语言运用,他采纳了大概80%的修改建议,然后再交给这位"优异"的文字编辑,并在接下来的四次校对中完善了书稿。米勒感叹道:"我完全被整个出版过程给鼓舞了!"

【案例】

编辑的悟性:书感

我不知道书感这个词是不是通用词,我没有见过别人使用这个概念。为了表述方便,我以为需要有这样一个词。什么叫书感?我认为书感是一种悟性,是对书的直觉判断力,对书本质特征的感悟力。简单来说,当一个编辑面对一堆文字和图像材料,他应该懂得怎么编辑,怎么整理,怎么加工,才能使这些材料编得像一本书,一本令人喜欢的好书,一本符合读者期待的书。具有这种能力的人就是书感良好的人。

我想从一个例子说起。1997年我在香港工作,当时香港刚刚回归。香港三联书店有一位很有才华的编辑,她今天已经是那家出版社的副总编了,这个人名叫李安,是女编辑。她找我说要编一本书,这本书是她见到一个邮商产生的灵感,那邮商收藏了很多香港珍贵的明信片,有几百上千张,其中不少甚至是孤品,有的是上百年前的,近期的也有几十年了。李安说她想把这些明信片编起来,出一本《香港明信片精选1940—1970》。我当时刚刚到香港工作,不太了解香港,她的策划我听了以后很没有把握和信心,但李安非常有策划能力,过去已策划过一些成功的选题,这一次她又非常自信,使我倾向于相信她的判断,让她试一试。可是那位邮商是无法独立著书的,他文化程度很差,写出的句子都不通,怎么办?李安说没关系,我让他先写出来,在每张明信片下加说明,然后我帮他改。李安这个人极能吃苦,邮商作为作者,仅仅是提供了一些必要的素材,剩下的事全靠李安了,她亲自动手完成了《香港名片精选》这样一本书内容的定稿和整体结构的安排。她的策划从价格定位、市场和读者对象定位,到开本、版式设计、使用材料、印制效果,具体到什么地方印双色,什么地方印四色,用哪种纸效果最好,用什么形式的装帧最讨巧等等,所有这些都由李安自己亲自策划,最后请陆智昌(阿智)先生来做设计(他现在是国内最著名的图书装帧设计师,当时是他是香港三联书店的美术编辑)。陆智昌在设计上又有新想法,新创意,他和李安的灵感一碰撞,精品就产生了。这本书出版了以后,获得了香港图书印制设计大奖。这可不是容易的事。香港图书评奖和内地不一样,内地评一次可以评出十本、几十本书,而香港每年只评一本,奖项的名目就叫印刷设计大奖,结果是这本书评上了这唯一的大奖。另一方面,书的销售情况也很好,在我们当年的新书中,这本书是相当畅销的。

(李昕,生活·读书·新知三联书店总编辑《编辑的悟性:书感》)

【本节要点】

1. 如何服务著译者?

2. 获取文本后应做哪些事情?

【思考实践】

分小组为已经通过论证的选题寻找合适的作者或者译者,说出选择该作者或者译者的理由,并介绍选题组织实施的方案。

任务2　产品设计

【思考】

制作畅销书的关键词只有一个,就是"贴近人心"。

做出的书若不是读者想要的,那就无意义可言。忘了读者需求的编辑,更是"用公司的钱做书以求得自我满足=公司内的高级游民、大外行编辑"。有此念头的编辑,希望你马上辞掉工作,因为基于这种想法做出的书已经太多,根本没有销路。读者不想看,不是因为对文字疏离,而是因为与自己无关,无趣罢了。

——井狩春男

请阅读上述文字,思考选题开发包含哪些内容,如何做好选题设计。

6.2.1　读者定位

选题论证中的市场定位即读者定位,此处重提读者定位旨在根据选题目标群体的阅读习惯与阅读心理设计产品,使得读者乐于接受产品。台湾著名出版人苏拾平说:作者因为有主张、有想法、有想象、有另一个世界而写作,人们则因为有困感、有追问、有好奇、有不满、想进入另一个世界而阅读;但是作者很难只为读者而写作,畅销、知名度及获利都是写作的副作用……如何通过相应处理使作品的内容和形式易于被读者接受,这是选题策划人员面临的重要问题,也是出版工作的价值所在。

对于特定选题而言,选题策划人员需要就目标群体的年龄、性别、受教育程度等方面展开分析,研究其需求状况、心理特征、行为习惯和兴趣爱好等。通过这样的分析,目标群体的特征慢慢清晰,他们对于选题内容与形式的期待也逐渐明了。举例来说,儿童读物的封面设计活泼灵动,老年读物的封面设计更显沉稳厚重,休闲读物的封面色彩明亮,专业读物的封面则强调神秘感。

优秀的策划人会要求将读者定位体现在书籍设计的每一个细节中。如中国地图出版社推出的公路地图册,依据其服务对象为广大汽车驾驶员的读者定位,首先将这本公路图册定名为《中国汽车司机地图册》,在设计和选材上,均紧密结合用图者的工作环境和性格特点。例如,选用深棕色的塑料封皮,使图册显得凝重而耐脏;蛇皮底纹,十分适合用图者豪放粗犷的性格特点;封面右上角醒目的方向盘,是封面的点睛之笔,让人一看便知道这是一本什么书。此外,有意将书名分为三排,旨在进一步突出"汽车司机"这四个字。这一系列的设计,其目的都是令每一位用图者感到亲切,进一步拉近产品和消费者之间的距离,促进消费者的行为决策。

6.2.2 文本设计

基于对读者阅读体验的准确把握,通过版式设计和内容组织把作者的思想意念真实、完整、清晰地传递出去是编辑的基本功。编辑通过对不同的版式、形式、格式进行独特的安排和设计,创造了阅读价值:一方面,更彰显文本内容的特性;另一方面,使得读者读起来更顺心。在《读库》主编张立宪看来,把一本书做对,有三个环节:第一是减轻读者财力上的负担,一本书不要做得太豪华太贵;第二是减轻读者视力上的负担,不要把一本书设计得太花哨,设计过度,让读者视觉上受到干扰,干扰了内容的呈现,也干扰了读者的阅读体验;第三点就是尽量减轻读者体力上的负担,即一本书怎么让读者拿到之后有一种舒服、舒展的感觉,这一点很重要。

关于文稿的排版设计,著名出版人陈颖青提出了"易读性"的概念:大量文字读来舒服,不易疲劳,易读性的最高境界是"透明",你根本没有注意到你正在读字。他还总结出了几个影响易读性的重要因素:

1)字体与字级

宋体字(中宋、细宋为限)的易读性最高,比所有圆体、黑体、楷体、仿宋以及其他稀奇古怪的少女体、漫画体都高(字体越搞怪,易读性就越低)。如果内文不使用宋体字,其实是在跟读者过不去。

字级就是字的大小。对一般成年人而言,10.5磅是常用的标准大小,这个字级在铅字活版时代称为"老五号"字。给儿童和老年人看的书,通常应该用更大的字级。

2)行间、行长与对齐

行间要够宽,行长别太长(两者间还有某种等比关系,行长越长,行间就要越宽),内文最好设定齐头尾。

3)内文字

别搞反白(无论是黑底白字、蓝底白字、红底白字、绿底白字,都不好。黄底白字就更别提了);别铺太深的色底(文字和底色的反差对比要够大);别压在图片上(即使图片打淡了也不好);字间不要太松(要小心齐头尾的设定有时会破坏本已经设好的字间);别印成色字(只用黑版印黑字最好)。

4)版心

版面不能塞满字,一定要留天地左右边,不然读者会无法呼吸。每一块版心(内文所占据的区域),都应该跟边界维持适当距离,这个"边界"包括实质的裁切边,也包括你画上去的文字框边线,或你铺的色底边缘。版心位置应该全书统一。

5)避头点

头点和尾点都会阻断阅读的顺畅,宜避之。具体来说应注意两点:一是句号、问号、叹号、逗号、顿号、分号和冒号一般占一个字的位置,不出现在行之首;二是引号、括号、书名号的前一半不出现在一行之末,后一半不出现在一行之首。

6)用纸

别用会反光的纸。

关于文稿的内容组织和编排形式,编辑有作者不具备的优势,即对目标读者阅读需求的深刻理解。有些选题的内容相同或相似,但是在内容组织和编排形式上不大相同,读者的喜爱程度也相距甚远。

【案例】

从细节入手的"使用功能"强化

对于新编辑来说,完成了选题策划、作者选择、样章文案乃至全部文稿,只能算

图 6-6 《中国汽车司机地图册》

是编辑工作的一半,剩下的工作,如配合美编完成开本选择、版式设计,配合发行完成定价、广告语言等,是编辑工作的后一半"征程"。畅销书《中国汽车司机地图册》(见图 6-6)的编辑麦柏楠的操作思路是:既然文稿内容大同小异,那么就从形式入手进行差异化区隔。经分析比较,编辑选用了 24 开本,其长度与 16 开相似,其宽度与 32 开相当,满足了内容的要求,且携带也无不便之感,更重要的是这样的开本放在货架上颇显与众不同,容易引起消费者的关注。

在编排手法上,为突出内容详细的特点,摈弃传统的以政区分幅的方法,采用以经纬网分幅的新方案,以及充分利用版面。因为在同样的图面范围内,这种分幅方案在负载信息量方面要比政区分幅的多一倍以上,也就是说,我们在表示公路要素方面,肯定可以详细得多。最为明显的是在里程标注方面,用政区分幅的只能做到十几千米才加一个里程注记,而我们在图上却可以做到几千米,甚至一千米都标注出来。在居民地选区方面,前者一般只反映出乡镇,而我们在图上则出现了大量的村庄。

在版式设计上,我们也做了突破:我们在道路的分级及地图色彩方面,力求简洁,一改以往花花绿绿的传统,采用白色底、红色路,努力给读者一种清新明晰的印象。当读者翻开一看,内容这么详细,图面如此清新,觉得有些与众不同。

麦柏楠总结:这本书能够畅销几百万册,关键则是在地图的编辑设计过程中,我们已经跳出了专业技术的范畴,而从其他边缘学科中汲取营养,为我所用,同时融入了心理学的内容,体现了用户至上的理念……

(刘观涛,中国中医药出版社编辑)

6.2.3 文案撰写

产品设计是个整体概念,同时也是选题宣传推广的基础。策划编辑需要通过各种努力,为文本加分,文案的撰写是其工作中的重要内容。好的文案既是对文本内容的提炼,又是对读者的定位,能够触动读者的内心,进而引发对内容的关注。在文治图书主编金马洛看来,书名是最好的文案,也是最重要的文案。有人甚至提出,有些书仅靠书名就能成为畅销书。在出版实践中,书名对于图书畅销产生积极作用的例子并不鲜见。2012 年,一本剖析日本"二战"真实心态的长篇悬疑小说——《一个背叛日本的日本人》出人意料地登上全国各大图书畅销榜。然而,这本原名为《球形的荒野》的经典作品,在过去 10 年里,在中国的销售几近为零!

那么,如何选取书名?

关于这个问题,不同的出版人给出了不同的答案。综合看来,那些能够体现人性需求、触及读者内心的书名更能成功。如表6-1所列的书名:

表6-1　书名分析

书　名	优　点
兄弟我在义乌的发财史	亲近,有参照价值
闪开,让我歌唱八十年代	色彩明亮,容易引发情感共鸣
畅销书经验法则100招	数字有魔力,让人感觉丰富、实用
三天读懂五千年中国史	强烈对比,形成张力
管好自己就能飞	给人感觉简单、实用
把恐龙做成大餐	怪诞,引发好奇心

文案是对书名的进一步阐释,也是对文本的提炼和高度概括。好文案具有较强的感染力,能够促使读者进一步了解、翻看。封面上的文案往往通过对比、关联、评论等方式突出文本或者作者的独特之处,以简洁的文字让读者对文本产生浓厚兴趣。如表6-2所列文案:

表6-2　图书文案

书　名	文　案
一句顶一万句	中国人的千年孤独
我们台湾这些年	一个台湾青年写给13亿大陆同胞的一封家书
梁启超传	83年来最客观、最详实的梁启超传记
第七天	比《活着》更让人绝望,比《兄弟》更残酷
谋杀似水年华	读这本书只需一天,悲伤却要延续多年
"鸡皮疙瘩"丛书	胆大的翻开,胆小的走开

6.2.4　封面设计

俗话说"货卖一张皮",图书封面的重要性不言而喻。在书店里,一本书的装帧和书名对销量有很大的影响,明亮的封面设计能够拉近与读者之间的距离。任职于铃木书店35年、每天与几百本新书打交道的井狩春男甚至断言:"畅销书的颜色就是红白或相近颜色的组合。"

精美而独特的设计不仅能给读者美的享受,而且有利于增加图书的吸引力,引起读者阅读、欣赏的兴趣,激发读者的购买欲。反之,一本内容优秀的图书,如果装帧设计粗糙、不合理,将直接影响读者对图书的观感,自然就容易与读者失之交臂。质量上乘、市场反映好的图书都在于它的内容与表现形式的完美结合。图书的装帧设计属于美学的范畴,但是这种美学更多是为了唤起读者的审美视觉,为了让读者看到图书的第一眼就产生拿起来翻看的冲动。

毫无疑问,好的封面设计本身就是一件艺术品,凝结了设计者的智慧和心血。但是,很多出版专业人士指出:封面设计工作不能单纯依赖设计人员,封面设计不能过多考虑"配合内容"。伦敦自由联想出版公司总经理吉尔·戴维斯总结多年的工作经验,指出封面设计的工作要诀:

①编辑的基本工作是向设计人员说明,书的特质是什么,书内蕴含的基本"信息"是什么,封面必须传达出怎样的"信息",才能吸引到目标读者,是要温和亲切,还是严肃庄重? 是要清雅古典,还是要狂乱激昂? 在说明封面设计重点时,有一个很好的比方你可以放在心里,那就是你是在为书选衣服,这本书该怎么穿才好呢?

②记住,以简洁为佳。没有一本书的封面设计,可以囊括书中的所有理念或信息。简洁的设计,就是有力的设计。

③绝对不可以把全部的任务都转交到设计人员身上。设计人员做出来的很可能是不适用的设计,结果只是浪费大家的时间罢了。而把时间浪费在这件事上,同时也是很花钱的。

④不要奢想用名画或照片做封面,或是用四色印刷,若用简约的做法,不仅更合宜,也一样讨读者喜欢。高水准的专业书籍,读者买的是内容,不是封面。在这类出版领域当中,书不是即兴购买品。在这里花大钱做插图和设计,都只是浪费宝贵的金钱。此外对小说出版也一样。

⑤不要忘记书脊的设计也一样重要。设计出色的书脊,放在书架上便能有出类拔萃的效果,而且还要清楚易读。

⑥绝对不可以让作者亲自去管封面设计的事,除非他们有专业素养,做得好这件事。

⑦永远不要忘记这书是作者的,不是你的,你若硬塞给作者一份他会终生痛恨的设计稿,那就太不幸了。

⑧永远不要忘记,美术设计是件主观的事。若是编辑、行销、业务等部门的人,全都参与封面审核的工作,那么出现争执的机会就大大增加。封面的取舍还是以多数意见为宜,而不要集合所有参与者的意见……

在出版产品极大丰富、市场竞争日趋激烈的今天,给自己的产品选一件别致的

"衣服"是每个策划人都要考虑的问题。除了上述内容,还有一点需要注意,即设计效果要契合读者审美习惯和对这本书的期待。例如,《哈利·波特》的设计者设计出了好几种草图,最后出版方还是觉得不如美国版的封面来得有神秘感和形式感,最后还是与美国的版权所有者达成了使用协议。但他们觉得原稿调子太灰暗,与中国读者的审美趣味有距离,于是美术编辑对色调、字体设计、内封设计做了比较精心的调整。事实证明,这个中国化的调整是成功的。

除了封面设计,很多书还会通过腰封传递"信息"。关于腰封设计,出版人陈颖青有如下体会:

①腰封的目的是为了放封面不能说、不好说、来不及说的东西,不要把腰封当成固定配件,也不要把应该放在封面的东西,改成都放在腰封上。

②有些店员或者读者对腰封抱有敌意,所以腰封在门市的留存率不见得很高,千万不要把所有营销诉求只放在腰封上,免得腰封拿掉以后,你的书竟然没有任何销售讯息。

③腰封和封面各有专长,各有任务,他们要分工,各自做好自己的事(至少书名不能在腰封上再重复一次)。

④腰封用纸不要太薄,否则会很容易损坏。

⑤腰封的作用就是要大声嚷嚷,做了腰封又要含羞带怯,不敢大声说话,那还不如别做。

⑥腰封的力量包括更夸张的视觉焦点(荧光底色)、更耸动的标题文案(超黑大标)、随时可以更换的变动诉求(首印附赠×××)。

⑦腰封底色要与封面形成强烈对比。

⑧适合放在腰封上的东西:耸动的标题(你不敢放上封面的);卖翻天快报;荣获本年诺贝尔奖;限时活动、限量赠品;名家推荐。

⑨腰封书脊位置不可留白,别忘了出版社 logo 或一句话诉求。

⑩如果会遮到封底条形码,记得腰封上还要加做一次条形码。

⑪注意被腰封遮住的封面文案。不要辛辛苦苦做了封面,结果你最重要的文案诉求却被腰封遮住。

⑫腰封最好不要花哨。封面也花,腰封也花,放在平台上就看不见了。腰封只需要用双色印刷(或用四色仿真的双色印刷),就会有完美的效果。

【案例】

编辑与美编的"阵痛磨合"

图书策划人、北京京宇图书工作室负责人王宇,策划出版的《狼道》一年内再版 6 次,而他和美编的"磨合互动",则非常有趣,"我和美编总喜欢不聊正事,因为我本人对于美术并不在行,美编说得天花乱坠,我也分不清是好是坏。所以,我就和美编多聊聊图书营销的一些话题,虽然看起来和美术有些距离,但是,对这些话题的共鸣之处,就是我们融洽的开始"。

王宇和他的美编最喜欢聊的是正在设计的图书(以及同类图书)的销售渠道是哪些。比如,如果是专业销售渠道,比如音乐图书书店,那么,只需把书名、作者名做得醒目,读者会自己挑选。再如,如果是系统销售渠道(比如教育局),封面一般做得典雅、庄重,只要教育局领导认可就可以了。而这本正在设计的《狼道》是要放到人文社科书店去销售的,这就要求能让书店店员尽量摆在书店重点展示区内。封面设计首先要能够给人文社科书店"提气",显示其品位。当然,还要能够吸引读者的研究。一般的设计师,不会考虑到封面给店员的感觉和给读者的感觉有一种微妙的差异。而通过和美编的这种交流,美编就很容易理解王宇设计背后的"潜台词",所设计出来的《狼道》,既和《狼图腾》有着同样的凝重、大气,同时又突出面向企业人员销售的"经管书"的感觉……

"原则上,我会尽量尊重他们的意见,但是,如果和我的感觉反差很大,我也会要求他们重做。在这个过程中,我会对美编说:'如果我有明显违背美术设计要求的地方,请尽管直言,我鼓励你们和我针锋相对地争辩,因为我对美术是外行。'在差不多的情况下,我甚至会采用我还有意见但美编极力支持的封面设计。因为不同的用纸、印刷,将会使一个电脑中的封面呈现出完全不同的感觉。

但有些我的个人观点我还是坚持的,比如,我坚持书脊比封面还重要!因为大多数图书都是书脊朝外,插在书架之内。所以,我对于书脊上的字体,要求粗重醒目,甚至黑反白,宁可舍弃艺术感觉,也要求视觉冲击。再比如,对于封面、封底的独行文字,我坚决反对设计成为竖排,因为竖排虽然美观,但读者看起来不方便。还有一些特别的设计,比如,作者知名的时候,突出作者的名字;作者不知名的时候,突出其他内容,如:书名的副标题、丛书的名字……"

(王宇)

【本节要点】

1.读者定位的意义;

2.文本设计要求;

3.封面设计要求。

【思考实践】

承接前一个实践项目,分小组展开选题目标读者分析,认真分析目标读者的性格特点、行为习惯及阅读需求之后,提出选题设计构想。

1.给出不同的书名,并遴选出最适合的;

2.提炼出反映选题价值的信息;

3.撰写封面文案;

4.提出文本及封面设计建议。

【延伸阅读】

读客畅销的出版理念

读客是目前公认的"超级畅销书"制造者,据统计:读客所有图书单品平均销量超过 20 万册,是中国图书行业单品平均销量的 33 倍。在我看来,读客取得这样的成绩依靠的不仅仅是出版技巧,更是出版理念。以下将主要从读客的出版定位、观念传播、图书认知、产品策略、营销理念谈一下读客的出版理念。

出版定位:出版是一盘生意

2010 年,在盛大文学的"锦书"发布会上我第一次见到了读客的老板华楠。当时有个人问了一个问题:"有人说读客做的书很俗,作为读客的老板你怎么看?"华楠说:"在我看来,出版是一盘生意,图书没有雅俗之分,只有畅销和不畅销两种。"这段话说得极为精彩,在我看来,他至少说出了两点,"出版是一盘生意"是华楠对读客的出版的一个基本定位,不了解这个定位就无法理解读客的所作所为;读客不以"雅俗"的分类方式来划分图书,"畅销书"才是读客追求的出版目标。

从利润的角度去考虑图书并没有错,这是一个企业领导者的角度。"出版是一盘生意",许多人接受不了这样的定位。但不得不承认这种说法很实在,一针见血地说到了点上。文化性和品位是出版人的角度,我们可以保持这样的操守,但是盈利是企业经营者的基点。华楠在另一场合曾说:"(出版)行业中的确存在一些知识分子的情怀,将来也会有,但这种情怀不能垄断整个行业,这(出版)是生意而非沙龙。"不能盈利,出版机构无法存活,活不下来,说什么都是扯淡!

我也很反感于将图书做雅俗的简单划分。图书的雅俗之分实际上是出版人和读者的不同角度,这种对图书的分类方式有很大局限,也并不一定准确。实际上雅俗是很难划分的,因为每个人的标准都不一样,反而划分雅俗的不是读者,而是出版人。因为读者在意的是书本身的价值和自己的需求,出版人反而更在意"雅俗"的概念。

许多出版人把读客的图书定位在"俗"的标尺上,这也许是因为读客说要做图书金字塔的塔基,也许是因为读客完全改变了图书的分类方式。我知道的是把读客的图书定在"俗"或者"雅"上都是意义不大的。理解读客的"畅销书"理念也许更有意义。

观念传播:传递"畅销"理念,打造超级"畅销书"

读客的自我定位是"读客,超级畅销专家",口号是"认准读客熊猫,本本都能畅销"；读客网站上图书分类只有一个，那就是"读客畅销书"；读客微博上专门设置《读客畅销书播报》栏目；读客图书的豆瓣小站上第一个栏目就是"超级畅销"……细心的读客会发现以上描述中出现最多的词汇就是"读客""畅销"。

读客是最会传播"畅销观念"的图书公司，他们从话语上一直把"读客"和"畅销"紧密相连，在不同场合不断重复"读客、畅销、读客、畅销、读客、畅销……"，慢慢地建立了新的组合方式就是"读客＝畅销"，最终在读者的意识里建立"读客出版的图书就是畅销书"的观念。

值得注意的是：虽然出版机构都想出畅销书，但很少有出版机构明确地提出"打造畅销书"的旗号，更不要说是"打造超级畅销书"了。读客的观念是"直入式"的，不绕弯子，直接对准"畅销书"，不左顾右盼，这样目标明确的公司本身就是可敬的，也必然是有效率的。读客不断给消费者强化"畅销"的观念，最终让读者相信读客的每本图书都是畅销的，这和读客打造出畅销书一样了不起。

谈完了读客传播"畅销"的理念，大家更想知道读客是怎样打造出"畅销书"的，不要着急，我们不妨先退回到"图书"，看看读客对"图书"的定位。

图书认知：图书是一种快速消费品

"图书是一种快速消费品"，这是读客对图书的认识。"快速"实际上是将图书的时效性考虑进去了，而"消费品"则是把图书等同于一般商品来处理。"畅销书"就是指在一定的时段内销售量大的图书。要做畅销书，必须要知道一本书的存活周期，要在这个存活周期里实现图书的销量最大化。

众所周知，读客是一家具有广告思维的图书公司。广告思维是读客的厉害之处。对于畅销书，读客的理解和做法就是在尽量短的时间内卖出最多的商品。这个时间就是图书的存活期，而商品就是图书。图书实际上就是一种商品，把图书作为消费品是还原图书的商品本质，首先在这个基础上理解图书；然后对图书进行加工和营销，也就是说图书可以采用"卖牙膏"的方式进行销售，"卖牙膏"不是关键，把图书当作"一般消费品"才是重点。当然，图书和一般商品有差异，首先抓住图书的本质，然后区分差异。

读客把"快速消费品"的营销理念带入中国书业，是读客的一个贡献。那么读客对待图书这种商品的策略定位是什么呢？

产品策略：单品取胜

读客图书采用的产品策略是"单品取胜"，读客公司的单品效益是图书行业的33倍。别管是33倍，还是10倍，至少说明读客的"单品"策略是取胜了，因为读客的图书单本平均销量达到了20万册。

现在大部分的出版机构的效益来自于品种优势。品种多，有利润空间，但利润在慢慢缩小了。比如特价书现在都到了一折供应的地步了,书店和图书馆却并不太感兴趣,可见品种优势慢慢消失了。出版机构的赢利还是靠规模,图书内容没差异,千篇一律,缺乏深加工,缺乏核心价值。我管这叫"品种陷阱",品种陷阱不但体现在特价书上,还体现在一个公司的产品结构上:品种少,形不成规模,很难形成市场竞争力;品种多,不同的品种之间盈亏互抵,利润一样上不去。

读客采取"单品"策略也是有危险性的,这需要有强大的操作手法和营销能力,每本书都卖到20万册并不是容易的事情,要知道一本书对于一般的出版机构来说,能卖到3~5万册那已经是很好的了。从某种程度来说,读客的这个策略是别的出版机构难以模仿的。

华楠在接受《中国图书商报》专访时说:"不断扩大品种数,单品率一定会下降,因为不可能每一本书都是《藏地密码》或《我们台湾这些年》;但谨慎地扩大产品线,保证下降呈理性、缓慢的趋势,这是我们可以做到的。接下来我们胆子会大一点,当然,只大一点点。"

从这段话里,我们隐约地可以看出,读客未来也是要慢慢扩大产品线的,但是一定是谨慎的,这样做只是在弥补"单品"的规模优势罢了。读客的"单品"策略在一段时间内应该不会有大的改变。

"单品取胜"说起来简单,我们感兴趣的是读客在放弃品种优势的前提下,是怎样实现单本图书的最大销量的呢?

营销理念:从符号到话语系统

"读客本质上是一家销售词语和符号的公司,无论是做实体书出版商,还是数字出版商,还是做影视、游戏,我们的核心价值都没有变化。"

这段话精确地说出了读客的营销理念。读客没有依靠图书的品种优势,但是却实现了图书的规模效应和整体的注意力。"我一直坚持符号理论,无论你是什么品牌,首先要谈符号。"华楠解释《藏地密码》的"西藏彩条"就是"符号理论"的运用,《藏地密码》从1本到10本,放在书店里,一下子就吸引了读者的注意力,这样的注意力实际上是由一个个符号形成的,而畅销依靠的则是从符号到话语系统的构建。

读客主编刘按说:"封面是否漂亮,不应该成为判断封面好坏的标准。封面设计是为终端陈列服务的,是基于货架环境的设计,设计我们的书成为唯一亮点,周围的产品沦为背景。同时封面设计也是为购买理由服务的,寻找可以表达购买理由的符号,用符号揭示和强化我们要卖的那个单纯的产品价值,用最高效的方式与人沟通。"

可见,读客图书的封面不追求美,美有时候也是一种误区。它追求符号的特异性,而不是符号本身有多漂亮。读客的图书追求的是让自己的图书成为能引起注意力的符号,让周围的图书沦为背景。这也就是读客的"货架理论"。读客的图书,从封面到封底到书脊,全是符号,列成一排就是"货架理论"。

"同时封面设计也是为购买理由服务的,寻找可以表达购买理由的符号。"读客对于符号的选择是以购买理由为基础的。读客把每一次营销推广都当作一次完整的进攻,完整的进攻就是围绕图书的购买理由构建一套话语系统。

"图书营销本质上是围绕产品的购买理由构建一套'畅销 + 常销'的话语体系,在这个话语体系中,产品名、产品购买理由、产品购买指令、产品发迹史、作者名号、'畅销'这些词语都是需要重复、重复、再重复的关键话语元素。畅销最后靠明确战略之后的集中兵力轰炸,拼的是团队执行力,常销靠产品结构。"

读客图书的话语体系的构成大致包括:购买理由、定位、购买指令、书名、作者名号、广告语、畅销故事、建立新类别。

购买理由是图书营销的一个开端,也可以说是图书策划的一个开端。要在图书策划的时候就开始营销,营销在设计封面的时候就开始了。图书的定位需要考虑读者的需求,给读者以购买理由,最好能说明其类别,甚至建立一个新类别。书名要锁定读者,考虑图书定位,向读者下达购买指令。购买指令则是为读者设计选择题,答案指向自己。广告语则是符号的传播,接下来,还要制造畅销故事,传播畅销理念,尽量做到让读者自己主动去宣传图书,读者的宣传则真正达到了从符号到话语系统的构筑了。

结　语

读客是一家有理念的公司,从确定产品购买理由、产品结构到下发产品购买指令、写产品文案、做封面符号系统、构建营销话语体系、渠道铺货、终端陈列……每一步都有自己的理念。介于篇幅,无法一一细述。但是无论是读客的"品牌寄生理论""符号理论""货架理论",还是"快速消费品营销理论""单品取胜理论""畅销传播理念"等等,无不告诉我们,有的时候出版理念比出版技巧更有价值。因为出版技巧是固定的,大同小异,每家出版机构都可以互相模仿,而出版的理念则是一个出版机构核心的竞争力。

(王文鹏,博采雅集公司编辑主任)

模块7

出版选题营销管理

学习目标

知识目标

1. 了解独特销售主张的含义；
2. 熟悉选题营销定位的意义；
3. 掌握出版选题宣传方式与步骤；
4. 了解出版品牌建设的意义；
5. 熟悉出版衍生产品种类。

能力目标

1. 能准确分析出版选题的卖点；
2. 能选择恰当的出版时机；
3. 能确定有效的渠道和营销方式；
4. 能根据产品特点，制订有效的宣传方案；
5. 能有效进行出版品牌建设和维护；
6. 能策划出版衍生产品。

任务 1 营销定位

【思考】

读者为什么会买？读者购书行为、消费心理正在改变？读者如何下决定买书？先后考虑什么？读者在哪里？去哪里？因何成群？如何结队？怎样找到他们？读者如何知道书的信息？在当前内外处境、资源、条件下，有何销售优势？采取怎样的营销策略比较有利？

这本书的主诉求是什么？独特卖点何在？能不能简单用一句话说出来？能不能立刻打动人心？能不能鼓舞销售热情？谁是你的调查测试样本？凭什么读者一听到一看到就毫不犹豫地购买？靠什么冲出重围打开销路？书名可不可以就是主诉求？以作家为卖点够不够力道？还有哪些诉求卖点可以锦上添花？

——苏拾平（台湾城邦集团创始人之一）

请阅读上述文字，思考如何分析目标读者并提出选题的独特营销主张，在此基础上准确进行选题的营销定位。

7.1.1 确定销售主张

随着市场竞争的日趋加剧，出版的经营理念也经历了从最初的产品理念、推销理念到市场营销理念的演变。以市场为导向，以读者为本位进行选题的开发、论证、设计和推广已经成为业界共识。作为内容产业的出版业，其产品独特价值的确定和提炼在选题论证和选题设计过程中不断被提及，在面向市场宣传推广时必然会再次凝练、放大，并有效传递——这是产品有效推广的前提条件，也是选题推广的重要内涵。

20 世纪 50 年代初，罗瑟·瑞夫斯（Rosser Reeves）提出 USP 理论，要求向消费者说一个"独特的销售主张"（Unique Selling Proposition），简称 USP 理论，其核心思想是：首先，一则广告必须向消费者明确陈述一个消费主张；其次，这一主张必须是独特的，或者是其他同类产品宣传不曾提出或表现过的；最后，这一主张必须对消费者具有强大的吸引力和感染力。毫无疑问，USP 理论精要集中体现在"独特"二字上，即建立个性化与差异化。对于强调内容质量的出版产品来说，选题价值内涵的稀缺性甚至唯一性是其成功的最重要的基石。无论是高端的学术产品还是注重实用或共同阅读趣味的大众畅销书都以其某一方面的"独特性"成为很多人的不二选择。当然,选题策划人除了在选题策划及设计、制作过程中要注重"独特性"的价值和表现外,还要在选题推广过程中以恰当的形式展现、传递选题的"独特性",并谋求与读者需求的完美契合。中国画报出版社出版的《保险理赔师》封面上赫然印着"中国第一本大胆曝光保险黑幕和保险理赔人员真实生存法则的小说"和"一个保险理赔经理的发财与堕落之路",短短两句话传递了这本书内容的"独特性",并且让目标读者——买保险者或者准备买保险者,尤其是有车一族过目难忘;设计成航空信封的封面和一句"一个台湾青年写给大陆13亿同胞的一封家书"一下子拉近了大陆广大读者与《我们台湾这些年》的距离。凡此种种,都可以理解为出版人对于出版选题独特价值的提炼、表现和有效传递,这些"独特性"或"个性化"也成为产品畅销的强劲推力!

【案例】

根据市场特点,准确定位读者对象

《学习的革命》(见图7-1)的主要内容是学习和教育,但也涉及商业团队和成年人的工作、生活的内容,其阅读对象本是十分广泛的。

科利华公司经过对读者分析和市场调研工作,反复斟酌,最终确定了该书的广告词:"读这本书,可以帮助我们改变孩子的一生",并邀请曾言永不拍广告的著名导演谢晋,无偿为该书制作了几条不同的电视广告,首开中国图书制作电视广告之先例。该广告在中央电视台一套节目《焦点访谈》前的时段首播,并陆续在中央电视台其他频道和其他栏目,各省级电视台,香港凤凰卫视的主要新闻节目、时事节目、娱乐节目中播出……

科利华在文字媒体上做主题展览广告的时候,运用了极富煽动性的语言:"如果孩子生活在批评之中,他就学会了谴责……如果孩子生活在表扬之中,

图7-1 《学习的革命》

他就学会了感激……看看孩子这么辛苦,我们这些当家长的该做些什么呢?《学习的革命》给你答案……"且不论这种表达如何夸张,但它至少提示了广大教育工作者转变教育观念、改革教育方法刻不容缓,而《学习的革命》能给他们提供一个思路。这已经足够吸引众多家长怀着复杂的心情带孩子迈入展览大厅,也给该书带来了无限商机。由于《学习的革命》作为教育类图书的准确定位和它所获得的巨

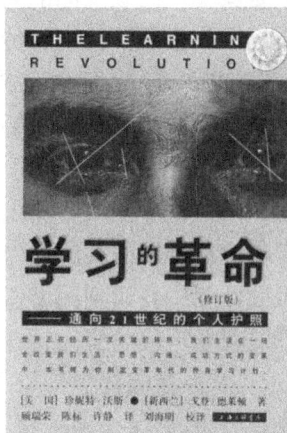

大成功,为后来的素质教育类畅销书打开了广阔的市场空间,被一些媒体评为"中国素质类教育图书市场的先驱"……

(邹海燕)

7.1.2　确定营销定位

确定了选题的独特价值,为出版产品营销大开方便之门。为实现出版产品的有效推广,还需思考产品推广的时间、地点以及合适的方式,让目标群体方便快捷地购买。

1) 选择出版时机

图书的市场有其自身的销售规律,不同时间段有不同的销售重点。教育类出版产品有较强的季节性,寒暑假期间是这类书销售的旺季,一般图书都会选择避开。大众出版市场则会注重不同类型的产品,例如,女性阅读产品在三月和五月会受到普遍关注。不同国家的出版市场最佳销售时机也不同,西方出版人一般不愿错过圣诞节,我国的国庆节则是一年中比较重要的出版销售旺季,年初的图书订货会则是新一年出版产品的大展台,每一个出版人都会鼓足干劲,力争上游。当然,每本图书如果需要特别宣传推广的话,也会选择最佳时机。《史蒂夫·乔布斯传》原定于 2012 年 2 月出版,先是受乔布斯离职的影响,版权方将出版时间提前至 2011 年 11 月 21 日,又因为乔布斯的突然病逝,再次提前到 2011 年 10 月 24 日。

2) 选择渠道与方式

渠道和营销方式的选择是出版产品推广的重要内容。被称为中国广告策划第一人的叶茂中在谈到图书营销的时候,指出:"一本书的营销首先要看它的选题策划和对市场定位的研究,在同类书里面它到底是做得比别人好还是跟别人有差异。在发行上,一定要注意铺货渠道和终端数量是否达到了一个理想化的状态,比如上架率是不是高,这个跟一般商品的上架率是一样的。"现在的出版市场渠道呈现出多元化、立体化、个性化特征,同时,我国幅员辽阔、各地差异较大,而且各地经济发展状况不同,图书的销售特点也会不同。对于具体的出版产品而言,如何选择恰当的渠道是值得深思的事情。对于大众畅销书来说,毫无疑问,要尽可能做到全面铺货,让读者触手可及,对于专业书来说,渠道的选择则完全不同。例如,叶茂中出版《广告人手记》《新策划理念》《叶茂中策划》《创意就是权力》等系列图书时,特别重视出版社对于机场书店的铺货能力。因为这些书主要是给企业管理者看的,他们更多出现的地方不是新华书店,而是机场、车站等地方。

【案例】

《乔布斯传》上演"三急"奇观

《乔布斯传》(见图7-2)10月24日上市,首周销量达67.8万册,20天,总销量已达100万册。业内人士称,这是10年、20年不遇的奇迹,即便在今后,这个奇迹也很难重演。

读者刘璐至今还很惊讶的是,10月24日,几乎在一夜之间,北京各大公交站点都出现了《乔布斯传》首发信息的广告牌,而在首都机场高速路上,那个巨大的高架广告板上也是同样的内容。

同时,许多读者在网上注意到,任何一个主流的购物渠道都能看到《乔布斯传》的预售信息,当当网、卓越网、京东商城、苏宁易购、快书包还有凡客诚品。作为本书的合作伙伴之一,中信银行还通过短信向400万活跃持卡用户发送了预订邀请,至少有1万人通过这种方式订购了图书。

图 7-2 《史蒂夫·乔布斯传》

除了出版社推出营销战略外,许多网站纷纷瞅准了难得的机遇,找到了独特营销之道。快书包创始人徐智明说:"之前我预估到这本书会很火,而我们对图书的配送要求是1小时内送达,如果订单太多,我们没法处理。所以,这本书上市头三天,我们网站只卖这一本书,而且是限时订购。"果然,该书上市的头3天,快书包每天接到的订单就有1 000个,这个网站到11月中旬已销售上万册《乔布斯传》。"本月21日精装版上市,相信下一个销售高峰又要到了。"徐智明说。

对于已经创下的销售业绩,中信出版社副总编辑阎向东说:"中信出版社并没有采取过去出版界常用的高举高打、闭门造车、炒作一把就了事的方式,而是采取了精简和有效的方式"。据他介绍,出版社成立了一个20人小组主攻营销,在乔布斯去世后,出版社高管发动全部力量频繁约见了各种营销渠道的"各路豪杰",商量如何更好地出奇制胜……

(路艳霞)

7.1.3 促进版权输出

出版业的快速发展一方面有利于国内文化繁荣,另一方面也有利于国际间的文化交流与合作。在全球一体化趋势愈来愈明显的今天,进行版权贸易与合作,促进国内外文化交流与合作具有特殊意义。为使出版业"走出去",我国实施了经典中国国际出版工程、中国图书对外推广计划、中国出版物国际营销渠道拓展工程等一系列出版工程，为出版企业提供了更多与国际对接的机遇和平台。近些年，我国在版权输出、出版物出口、印刷服务输出、数字出版产品出口等方面的总体规模不断扩大。一批"走出去"品牌产品和骨干企业纷纷出现，我国版权贸易逆差的形势逐渐改变，国内出版业的国际竞争力和影响力显著提升。

对于具体的出版选题而言，促进版权输出也有利于出版企业实现经济效益和社会效益的双丰收，同时，还可以通过与国外出版企业的交流与合作，提高企业自身的管理水平。基于此，作为了解世界出版业的重要平台，各种大型国际书展上出现了越来越多国内出版企业的身影。这些出版企业一方面关注新变化，研究新趋势，把握新动态；另一方面，充分展示新闻出版业最新成果，积极开展各种形式的交流合作，带动文化相关元素的对外交流，推动世界了解中国。当然，对于很多大型的具有全球视野、注重国际出版交流和合作的国内出版企业来说，更注重与国际著名出版机构保持长期、稳定的合作与交流。在引进的同时，积极选择出版选题开拓国际市场，促进版权输出。这一方面源于选题自身的价值，一方面也有赖于出版企业的经营理念和管理水平。

多数情况下，版权交易工作会通过一些版权代理公司来开展，然而，我国成熟的版权代理公司还不是很多。为了与国际出版公司开展深层次的合作，国内出版业也进行了不同层面的尝试。例如，2009年，凤凰出版传媒集团与法国最大的图书出版集团阿歇特签约，双方共同宣布，即将在北京成立凤凰阿歇特文化发展（北京）有限公司，实现中法大型出版集团资本层面的跨国合作、强强联合。合资公司将以图书策划服务、图书出版咨询、图书批发服务为主业，开展一系列图书出版咨询服务、国内和国际版权代理服务，以及其他与出版业务相关的商业性和经营性方面的咨询服务。

【案例】

《于丹〈论语〉心得》版权输出360°运作

在《于丹〈论语〉心得》热销之初，中华书局就敏锐地意识到，它应是我们实施出版"走出去"工程的重点项目，并马上开始了扎扎实实的版权贸易工作。2007年1月，《于丹〈论语〉心得》繁体字版落户台湾联经出版有限公司，并于5月在台北市上市，当月即两次加印，畅销全台湾；2007年2月，《于丹〈论语〉心得》韩文版落户韩国恒富出版社，并由韩国画家为该书增配了全新的插图，4月韩文版正式发行；2007年5月，《于丹〈论语〉心得》日文版落户日本讲谈社，2008年1月，日文版《论语力》面世，在日本掀起一股"论语热"，首印万册，当月即热销告罄，紧急加印。

《于丹〈论语〉心得》境外三个版本的运作都取得了成功，其中一个重要的原因是港台地区和日本、韩国的学术界和出版界多年以来就与中华书局保持着密切的业务联系,版权合作长期不断,如台湾联经出版公司更是中华书局的战略合作伙伴。但是,如何让这部激励了数百万中国读者的中国经典解读,呈现在西方读者的面前? 这对中华书局来说是个严峻的挑战。中华书局版权负责人王瑞玲说,开始中华书局在广泛调研的基础上,按照国际规范,精心准备了丰富的《于丹〈论语〉心得》的中英文资料和精美的中文本样书,挑选了几家知名的国际图书代理公司,进行推荐,但是,得到的反馈令人失望。

图7-3 《于丹〈论语〉心得》

2007年下半年转机终于来临。《于丹〈论语〉心得》(见图7-3)在中国内地的持续热销和席卷中国大地的"国学热",引起欧美主流新闻媒体的关注。他们希望了解,支撑中国经济持续增长、和平崛起的文化因素到底是什么? 而得到中国民众空前认可的《于丹〈论语〉心得》或许正是这个问题的答案。美国、英国、德国、日本的驻京记者纷纷采访于丹和中华书局,《于丹〈论语〉心得》的书名开始出现在这些国家报纸杂志上有关中国的报道和专访之中。

带着在北京国际图书博览会上与欧美版权代理公司面对面接触的经验,中华书局对于《于丹〈论语〉心得》版权输出"突破欧美"的工作思路逐渐明晰:必须要选择一家国际顶级代理公司。这家代理公司必须符合三项要求:在全球书业信誉卓著,资质优良;了解并热爱中国,对中国文化有比较深刻的认知和独特的见解;有代理中国作品的成功经历。据此,中华书局最终确定了三家国际代理公司,并跟他们逐一做了细致和认真的沟通。

截至2009年6月,《于丹〈论语〉心得》已经签订了21个语种、26个版本的国际版权,涉及30多个国家和地区。

(摘自《中国图书商报》2011-12-14)

【本节要点】

1.确定营销主张;

2.选题营销定位;

3.版权输出事宜。

【思考实践】

承接前一个实训项目,由各小组对自己的选题进行分析,确定选题的独特价值,提出恰当的出版时机、可取的通路和营销方式。在此基础上,各小组展示分析结果,并相互讨论、评析(见表7-1)。

表7-1 选题分析表

	独特价值(卖点) (作者? 主题?)	出版时机 (理由?)	营销渠道 (理由?)	宣传方式 (理由?)
选题1				
选题2				
选题3				
选题4				
选题5				
选题6				

任务2 宣传推广

【思考】

促销的目的是什么? 怎样起作用? 靠信息、口碑、体验? 有哪些促销手段? 使用促销工具划不划算? 该不该登广告,为了宣传什么? 该不该印海报,什么文案有张贴效果? 有没有安排电视通告,应选哪些节目?

企划的活动,读者是不是热切期待? 大众如何知道? 创造的事件能不能引爆高潮? 有没有相关书讯或电子报可以介绍刊载新书信息? 影响力多大?

——苏拾平(台湾城邦集团创始人之一)

请阅读上述文字,思考如何制定有针对性的选题推广方案。

7.2.1　宣传方式

在日益激烈的市场竞争中,大量生产信息和需求信息充斥着市场,生产者和目标消费群体的直接沟通反而受到海量信息的干扰。这种情况下,出版企业更要通过各种宣传活动,利用广告、推广、公共关系等各种手段,把产品等信息有效地传递给消费者和用户,以达到吸引消费者注意,激发购买欲望,进而达到扩大销售的目的。宣传推广是出版选题策划的最后一个环节,也是最终实现选题目标的重要手段。宣传推广实质上是一种沟通活动,出版企业可采用多种方式加强与消费者的信息沟通,如:通过广告传递出版产品或作者的有关信息;通过推广方式加深顾客对产品的了解,进而促使购买其产品;通过各种公关活动改善或提高产品在公众心目中的形象……

实践中,出版人常常将各种方式组合应用,提高宣传效果。比如,上海人民出版社为宣传《我为歌狂》组织中学生阅读、写书评以及小说结尾等有奖征文活动,分别设置一、二等奖,并且承诺获奖者的征文将被收入文集,获一等奖的作品将同原作一起装订成册,构成独一无二的《我为歌狂》。这个活动本身是一种推广,在媒体发布活动预告即为广告;媒体关于此后活动开展情况的报道即为宣传;为获奖者组织的颁奖活动则可以看成公共关系活动……由此可见,各种宣传方式是有区别的。简单说来,广告一般是要付费的,而其他宣传方式则不需要向发布者支付费用,但是,活动的创意很重要。

相对于其他行业来说,出版产品利润率比较低。因此,并不是所有的出版产品都有充足的营销预算费用。一般情况下,出版企业会跟相应媒体合作,达成宣传推广协议。对于大多数一般出版产品来说,通过刊载书评或其他形式的软广告进行宣传推广;只有少数重点出版产品才会着力宣传,如登广告,直接发布产品销售信息,或者刊登宣传企业实力、形象的广告。即使是重点产品,也要根据其产品类型、读者对象,才能确定具体的宣传方式。大众出版领域多注重实用或者普遍的阅读趣味,多采用通过大众媒体发布广告、开展讲座、组织签售等方式宣传;专业出版或者学术出版产品因其对象的小众化、专业化以及其需求层次的高端性,才多采用开展学术研讨、通过专业媒体发布等方式进行宣传;教育出版产品则注重使用者的体验,往往强调售前体验和售后培训,通过一系列活动的有效开展进行宣传。

【案例】

他山之石　承前启后
——"哲人石"丛书10周年座谈会发言摘要

□中国科学院院士　王绶琯

"哲人石"（见图7-4）出版已10年。回顾这10年里频频"点石"之情，愿在此一吐心中珍藏的一些感受。

图7-4　"哲人石"系列

这是"被点之石"的感受，未必能够真正体会到"炼石者"的匠心与"点石"者的辛劳和技巧。加以我这块"石"虽然有幸受点，却尚未见成金，所以只是报告一下自我感觉，以表心意。

多年以来，每当与卞毓麟相见，他总会带来一些惊喜。10年前的一次，他带来的是一本普利高津新著的译本。这是他到上海后参加策划的"哲人石"丛书的第一本。普利高津是当代一位科学思想猛烈冲击科学传统的名家。丛书把他亲笔作序、充满挑战意识的新作作为开卷首选，令我这样一个久经文化荒漠忍饥忧渴的归客怦然心动⋯⋯

□中国科学院化学所研究员　胡亚东

从"哲人石"丛书开始出版我就一直在看，我觉得这10年给我的教育是非常多的，感触也很多。我还记得有人说过，像"哲人石"这样的丛书在中国翻译界也是一个创举。过去中国的翻译书也很多，但如此大规模地翻译一套丛书，现在已经接近100本了，而且都是高质量的，非常难得。这些书无论从质量还是内容，从各方面来看都是很好的，我想翻译出版近50年，也许100年来，这套丛书都是最大最好的⋯⋯

□清华大学人文学院科学技术与社会研究中心教授　刘兵

阅读"哲人石"，从最初到今天已经10年了，10周岁的庆祝也好，按90本算，算90庆典也很好。以前有媒体写文章讨论过这个事情：在中国，"哲人石"丛书无论在科普出版界，还是在科学文化出版界，从翻译的规模和质量上，从持续的时间上，都是占据第一的，而且这个纪录在上海科教社的努力下还在继续发展，很难被打破⋯⋯

（摘自《科学时报》2010-01-14 B2 科学文化）

7.2.2　宣传过程

如前所述,很少的重点出版产品才会通过刊载广告进行宣传;很多书可能是通过发表书评或者组织公关、推广活动来宣传。每一次的宣传活动可能会非常不同,但是促进媒体报道的过程却是相似的。出版人首先要明确宣传过程是严谨而有条理的,必须重视并注意细节,把握好每一个细节才能保证宣传活动正常进行,宣传效果也才值得期待。

1)熟悉出版产品及作者情况

具体来说,需要知道明确的出版日期、首印量、已有的预订单、大致的宣传预算、作者是否愿意配合宣传……为了尽可能地挖掘作者身上的信息资源,还需知道作者的专长、作者的简历、是否有媒体资源、有无接受媒体采访的经验、愿意花多少时间和精力宣传自己的书,等等。

2)设计活动策略

根据产品和作者情况,设计不同的活动方案,媒体报道、深度访谈、座谈研讨、巡回促销、组织竞赛、名人推荐、作者签售等,选择最为可取的一种或者几种方式的组合。

3)撰写宣传资料

宣传资料对于出版产品的宣传推广至关重要,完美的宣传资料应该成功向媒体说明产品以及作者的报道价值、宣传活动创意等。完整的、有说服力的宣传资料是产品最初的广告,也是打开媒体大门的钥匙。标准的宣传资料包括:精心设计的新闻稿,有充分可信度的作者传记,具有新闻价值、容易引起热议的要点,书中的经典摘要,作者的文字、图片及视频资料,等等。

4)选择并联系目标媒体

出版产品的宣传推广一般会选择:出版行业媒体,如《中国新闻出版报》《中国图书商报》《中华读书报》等;专业媒体,因出版产品类型而异,如高端时政读物一般不会错过各级党报;大众媒体,依据产品类型确定,如少儿读物更多会选择儿童和家长喜欢的报刊或相关节目;网络作为现今比较普及的公共媒体日益受到重视,不同类型的产品会选择不同的网站或者论坛开展宣传推荐活动。联系这些媒体,无论是以哪种方式展开宣传都要先将宣传资料和个性化的推荐信发给对方,确定媒体宣传时间表。

5）宣传活动组织

按照既定的方案,组织宣传推介活动。以媒体采访为例,应该注意提前确定采访的日期和时间、联系人、采访时长、采访形式、现场人员构成、采访提纲等,并在此基础上,指导作者注意各种细节,如着装、语言、动作等。每一轮宣传活动结束之后,积极沟通各方,及时总结经验。

6）放大宣传效果

宣传活动结束以后,应答谢各方支持者,既是礼貌,也有利于更好地开展后续工作。同时,收集各方面的报道资料及相关信息,一方面检测活动效果,另一方面寻找恰当的时机再次集中展现宣传活动过程,形成聚合效应。

【案例】

德国著名科普作家雷纳·科特博士"中国巡回演讲会"活动

一、活动目的

作为担负文化教育责任的出版企业,我们除了为儿童提供优秀的科普读物之外,更应该用实际行动响应国家《关于未成年人科学素质行动实施方案》。因此特举办"德国著名科普作家中国巡回演讲会",旨在向家长和老师传递一种健康、科学、完整的教育理念,改变家长和老师的科普观念,增强公众的科普意识,认识到科普读物在儿童成长中的重要性,以及激发儿童对于科学的兴趣,带领他们走进叹为观止的科学世界。

二、组织机构

1. 主办方:南京市教育局、南京市共青团委、南京市社会科学院……

2. 承办方:中国·海豚传媒、南京市凤凰国际书城、扬州市新华书店……

三、活动城市:南京、扬州、无锡、苏州

四、活动说明

南京市:4 月 23 日

上午场:300 人

学校:南京市初中第四中和凤凰街小学合一场

地点:龙蟠里 5 号四中报告厅

时间:9:30—11:30……

五、主讲专家:德国著名科普作家

雷纳·科特博士:1948 年出生,所学专业为化学和生物化学,担任 STERN 杂志的科普编辑和 KOSMOS 杂志的主编,在此期间,雷纳·科特博士还担任霍恩海姆大学的讲师。《什么是什么》中的代表作:《我们的地球》《化学世界》……

六、活动形式

【讲座】

活动主题:一起体验科学的乐趣——德国著名科普作家中国读者见面会

【研讨会】

活动主题:科普阅读与儿童成长

【捐书仪式】

每场活动结束后,举行捐书仪式,由海豚传媒为参与活动的小学赠送德国大型科普丛书《什么是什么》已出版品种一套(40 册,码洋 1 160 元)或者若干册,装备学校图书馆,为推进学校的科普教育贡献一份力量。颁奖嘉宾为参与活动的市(区)教育局局长或校方领导和德国专家雷纳·科特博士。

七、媒体宣传

1. 行业内媒体:《中国图书商报》《出版商务周报》

2. 全程活动媒体支持:中央电视台《子午书简》栏目

3. 四大城市知名大众媒体、电台、电视台

(摘自百道网 http://www.bookdao.com/activity/56/)

7.2.3　创新思维

各种经营理念在出版业的尝试,不同程度地扩展了传统出版人的视野,二十多年的发展,很多消费者似乎对于各种鼓动性的宣传语有了"免疫力",面对层出不穷的营销活动,很多人似乎也少有先前的狂热了。如何将自己的优秀产品推向市场并让读者接受,成了很多出版人日思夜想的问题。有人说出版产品宣传本身就是冒险,很难保证其必然成功,因为市场有诸多的不确定性。但是,也有人在热闹中反思、在困顿中探索,在对于出版选题宣传推广方面创新思维,提出新的运作理念和方式。

如著名营销人员吴步冰提出了"以书会友"工程,给出版界与读者交流提供了崭新思路:"书业的人很少意识到:图书本身就是一个完全免费、强力渗透的广告媒体,完全可以在自己的图书上,给自己做足广告。"实质为"提供附加的、更新的增值信息和服务"。比如说,你购买了《实战真经》这本医药保健品营销的图书,你就可以在为这本书建立的网络论坛上,认识同样喜欢读这本书的朋友。读者可以查到和自己职业相同、职位相近的人甚至是同学、老乡,等等,只要读者填写一个注册表,就可以轻松认识一大批情趣相投的朋友,并通过 BBS 进行交流,可以从讨论对

共同阅读的这本书的感受谈起。"当然,这种方式需要出版方持续不断地进行后期维护,如请作者与读者在线交流、增加行业资讯等服务项目,才能吸引读者加入,并保持论坛热度。

再如,通过微博等自媒体传递信息,并与读者实时互动。既拉近了产品或者作者与读者的距离,又能通过实时互动有效控制营销进程,并作适当调整。著名的童话大王郑渊洁每天活跃在自己的微博上,实时传递自己的产品宣传活动信息,积极与众多粉丝互动,成为自己作品和自身形象的展示窗口。

【案例】

30元的"一本书"=30 000元的"大课堂"

一本定价30元左右的书,是一个很普通的价格。那么,读者花了30元钱,能否得到超出30元的收益呢?财经书《股色股香》(见图7-5)的作者肖洪驰却坦言:这本定价26.80元的图书,价值相当于3万元。为什么?

图7-5 《股色股香》

他这样分析这本书的"增值内幕":这不单纯是一本关于股市风云的图书,因为我们为这本书专门建立了一个论坛网页。凡是这本书的读者,都可以在论坛中相互交流。有人曾经提出"读一本好书,结识一批志同道合的朋友",我们算是对这个理念的小小尝试。毕竟,股市、金融圈内的人士要想很宽松、自由地认识、交往,有时候恰恰很难。虽然大家都在这个行业内打拼,但要真正抛开面具、袒露心声,没有直接功利的交往,并不是一件容易的事情。

而同一本书的喜爱者,往往能很快找到共同的语言。毕竟,对同一本书的认同,代表着其经历、学识、思想的一致性。这样,大家可以首先在论坛中自由交流一下,可以用网名,可以痛快淋漓地嬉笑怒骂,可以毫无拘束地谈天说地。因为有着对同一本书的"共同点",可以让大家的心贴得更紧。

该书策划人、团结出版社张晶表示:我们为这本书提供了更大的增值空间——除了本书的读者之间进行交流,我们还定期请该书的两位作者——资深投资银行家肖洪驰、胡野碧与读者进行互动聊天。文字聊天、音频视频聊天都有。在金融行业,人际交往的成本是非常高的。为什么MBA/EMBA的学费非常之高,甚至达到20多万元?很多就读的经理人最大的目的,是通过学习班来认识"同学",利用同学的资源,进行商务合作和运营。而我们用《股色股香》所建设的网络论坛,为读者搭建起了高级商务交往的平台,说这个商务平台的价值能值几万元,并不过分……

(刘观涛)

【本节要点】

1. 宣传方式；

2. 宣传过程。

【思考实践】

分小组设计各自选题的宣传推广方案，然后在一起分析，讨论方案的科学性、可行性，并提出改进意见（见表7-2）。

表7-2 选题宣传推广方案

	宣传方式	活动类型	媒体选择	费用预算
选题1				
选题2				
选题3				
选题4				
选题5				

任务 3　出版品牌建设

【思考】

2011年，在中国社会科学院语言研究所和商务印书馆的共同努力下，经过近8年的修订，中国人最熟悉的字典——《新华字典》推出了最新版（第11版）。当年7月，《新华字典》第11版出版座谈会在北京举行。与会人士对新版《新华字典》给予充分肯定，认为《新华字典》第11版根据时代的变化、读者的需求和字典本身的学术规范等原则，对原有内容和体例进行了审慎而系统地修订，进一步凸显了《新华字典》与时俱进的权威品质。

请阅读上述文字，思考为何《新华字典》经久不衰，出版品牌意义如何理解。

"出版品牌"是一个综合性的概念,涵盖了许多元素和环节。具体来说,出版选题应做好符号、质量、特色、整合营销和品牌创新这五大环节。

1) 符号

所谓符号,就是出版产品形成个性化的品牌标志和独特风格。独特的个性是一个品牌最有价值的东西,它不易被竞争品牌模仿。这种个性首先通过品牌符号体现,如品牌名称、logo、特定标志等。品牌建设必须主动美化、强化这一环节。首先是品牌名称,应当易读易记,与品牌内涵相符;其次是品牌标志,应当像老朋友的面孔那样亲切,同时将出版社的文化志向、经营理念、管理思想通过视觉艺术再现技术传达给读者。

【案例】

荣宝斋出版社

荣宝斋出版社是中国著名文化企业荣宝斋创办的出版机构。其宗旨奉行传承中华文明,弘扬传统文化艺术,促进中外文化艺术交流,是中国传统文化的传播者。荣宝斋出版社是中国出版集团公司系统内一家以出版艺术类图书为主的专业出版社,他充分使用了"荣宝斋"这一品牌符号,典雅端庄、古色古香,既体现了出版社的主营方向,也让人体会到历史的传承和厚重。

荣宝斋前身为松竹斋,1884年更名荣宝斋,前后延续约300余年历史。中华人民共和国成立后,国家为保存、继承和发展传统文化事业予以投资扶持,将濒临倒闭边缘的荣宝斋经过公私合营过渡为国营,在原国家出版局领导下获得振兴和发展。荣宝斋以经营文房四宝、古今书画、木版水印业务著称,历来是中外文化人士荟集的场所。20世纪30年代,鲁迅、郑振铎曾合编并委托加工印制《十竹齐笺谱》《北平笺谱》,在国内外获得木版水印的声誉。20世纪50年代以来,荣宝斋的木版水印技术有了显著提高,由刻印小幅简单的诗笺、信笺,而发展到刻印复杂的巨幅长卷和立轴绘画作品,如唐代周坊的《簪花仕女图》、五代顾闳中的《韩熙载夜宴图》、宋代马远的《踏歌图》等,雕版复制北宋张择端的《清明上河图》。至今已出版水印古今绘画名作1 000余种。

1959年在莱比锡举行的国际图书博览会上,荣宝斋木版水印艺术展获得特殊展览金质奖章;1979年在北京举行的全国书籍装帧展览会上,《白石老人写意画册》获印刷装帧奖。有些产品曾被国家选为国礼赠送外国国家元首。随着对外开放政策的实施,加强了对外文化活动,1979年以来,先后在日本东京、美国纽约、新加坡建立经销处,并与香港博雅艺术公司合资创建荣宝齐香港服务有限公司。

（荣宝斋出版社官网 www.rongbaozhai.cn）

2）质量

品牌不是专家评出来的,而是在图书市场中形成的。一个出版社长期以来出版质量上乘、令读者开卷有益的图书,品牌的力量才能逐渐彰显。

质量或服务问题会导致企业危机,如出版物印刷不清晰、装帧不合格,或者出版单位与作者、分销商等环节的关系处理不当,出版单位会丧失读者对该出版物甚至出版单位的信任,导致出版品牌受损。

【案例】
《咬文嚼字》——科普期刊编辑校对质量检查情况报告（节选）

2005年,原新闻出版总署报刊司委托《咬文嚼字》杂志聘请有关专家对部分科普类期刊进行了编校质量抽查,抽查结果显示,科普类期刊的差错率高于一般期刊。一般读者都会认为,科普类期刊的出版质量要高于社科类期刊,但是这次抽检结果表明,面向市场、面向大众的科学普及类期刊的出版质量实在是不能令人满意。此次检查,我们仍然按照1992年《科学技术期刊质量评估标准》的有关条款,把合格的标准确定在不超过万分之五,这已经是大大放宽了标准。即使如此,全部受检的64种期刊中,也只有33种合格,不合格率达48%。只有《家庭医生》和《保健医苑》两种期刊达到了优秀等级(差错率为万分之一)占受检期刊总数的3%。

参加检查的专家们认为这些刊物在主观上重视知识含量、技术含量,而对加工质量、校对质量有所忽视。具体表现在以下几个方面:

一是文字比较马虎,句子往往显得芜杂、粗糙,甚至前言不搭后语,不合语法,不合逻辑。如《抗癌》中有这样一句:"在一些标本上,不论因非恶性病变手术者抑或胃癌手术后,常发现术前并未诊断出的早期胃癌。这是十分巨大的工作量,亦是目前我国病理学研究尚欠不足之处。"这一段话别别扭扭,似通非通。"胃癌手术后"可能是"胃癌手术者"之误。"十分巨大的工作量"和前文失去照应。"尚欠不足之处"更是明显的病句。类似这样的句子,在科普刊物中并不鲜见。

二是"硬伤"太多,稍微集中注意力便能发现的问题,在科普期刊中大量存在。这显然和编辑作风不够细致有关。如把"警署"误为"警暑","纳闷"误为"呐闷","治疗"误为"冶疗","不惑之年"误为"不获之年",都是一些低级错误。《中国医药保健》把贝多芬的名句"扼住命运的咽喉",随意改为"扼住生命的喉咙",鼓励自立反而成了鼓励自杀。有时,连外行也能发现的差错,某些专业刊物的编辑却视而不见,如《饮食科学》中说:"德国科学家在长达10年的时间里,对螺旋藻进行了系统的毒理学研究,用螺旋藻喂养并连续繁殖数千代小白鼠。""10年"繁殖"数千代小白鼠",岂不成了天方夜谭! 当我们把这一例子向医学院专家咨询时,专家一听都哑然失笑……

（《中国科普期刊研究会.2005年科普期刊编辑校对质量检查情况报告》）（节选）

3）特色

出版物要在公众和市场中树立自己的品牌形象，必须做到有所为、有所不为。即要在众多门类中选择和确定自己的专一性、集中性和核心特色，从而利用优势资源，打造一以贯之的特色品牌。

【案例】

外语教学与研究出版社的品牌转型

外语教学与研究出版社由北京外国语大学于1979年创办，2010年完成企业改制，更名为外语教学与研究出版社有限责任公司，是一家以外语出版为特色，涵盖全学科出版、汉语出版、科学出版、少儿出版等领域的综合性教育出版集团，是全国规模最大的大学出版社、最大的外语出版机构。

而早在20世纪90年代初期，外研社品种扩充、大量出书，中文书、英文书都走规模化出版道路，品种杂、品牌特色不明显，陷入经济效益不佳的局面。

2000年前后，外研社果断制定了特色化品牌战略，依托北京外国语大学的资源信息与人才优势，将出版的重点放在外语图书领域，调整图书结构、压缩图书品种、优化图书选题，逐步形成了品牌规模与专业特色，赢得了越来越多读者的信赖。

外研社的特色品牌战略，专攻外文图书及外语教育，集结了亚历山大、许国璋等一大批优秀作者。致力于打造双效益的品牌图书，如《新概念英语》《书虫》《新标准英语》，并开展免费大学英语教师培训、"外研社杯"全国英语辩论赛、中国英语教学国际研讨会等。品牌作者、品牌图书、品牌活动的多重积累，才能最终实现长期的、具有积极价值的特色品牌。

（摘自《北京印刷学院学报》2012年01期）

4）整合营销

整合营销是把企业的一切营销和传播活动，如广告、公关、促销、直销、CI、产品包装等进行一元化的整合重组，各种手段不但要在实施过程中相互配合，更要在策略上予以协调，并从上而下地进行统筹规划。

【案例】

接力出版社的整合营销

接力出版社成立于1990年，是一家专业从事青少年读物的出版机构。年均出版图书 400 余种,2012 年接力出版社图书销售码洋达 4.9 亿元。20 多年来有近 400 种图书获得"五个一工程"奖、国家图书奖、中国图书奖、全国优秀畅销书奖等各种奖项,接力出版社也被评为"全国百佳图书出版单位"。

接力出版社跳出传统图书发行模式,建立健全的市场运营机制,融汇现代营销理念和方式,特别注重对当前热点、名人的跟踪出版,使一般图书的生产及销售稳步增长。例如刘墉散文系列丛书在国内一版再版,仅接力出版社推出的刘墉作品的总印数就已突破 200 万册,中国著名儿童文学作家秦文君的《十五岁之夏》、歌坛新天王周杰伦的《半岛铁盒》等在国内一经推出,便持续热销。

图 7-6　《淘气包马小跳》

特别是《淘气包马小跳》(图 7-6)系列丛书,为配合"淘气包马小跳系列"的宣传推广,并联合多家媒体举办"马小跳"校园剧全国邀请赛,同时授权中影、中影动画开发动画系列片《马小跳》,从而使"马小跳"成为了引领青少年读物的新时尚。

(摘自《中国新闻出版报》2012 年 2 月 12 日)

5）品牌创新

品牌是一种资产,必须把品牌纳入资产管理的范围,充分挖掘它的价值。品牌管理内容是"品牌的创新"。因为对处于信息时代前列的出版业行业而言。知识更新速度加快,延长品牌生命周期的最佳方法就是不断地进行出版品牌更新。品牌创新主要有几个层次:一是产品的更新。利用已经获得成功的品牌来推出新产品,如推出系列图书,或者相关的非图书类产品。二是品牌的重新定位和丰富。当原有品牌发展达到一定规模和实力,品牌内涵需要进行重新定位,以求得更广阔的发展空间。这不仅意味着产品线的更新,还需要重新进行品牌宣传和建设。三是打造新的品牌。当原有品牌已经固化时。面对新的机会,新的品牌呼之欲出。建设和培育分公司独立进行个性出版不失为一种品牌更新的方法。

【案例】

施普林格的数字优先品牌创新策略

施普林格出版集团(Springer Group)是世界上最大的私营科技出版机构,德国第三大出版公司,总部设在德国柏林和海德尔堡,国际著名科技图书出版集团,其子公司遍布全球。现出版医学、理学和工学各专业图书,其作者中不乏名人,如诺贝尔奖获得者等。

随着科技及信息技术的发展,施普林格感觉到必须进行品牌创新,并提出数字优先战略,保证出版内容优先以数字形式出版。也提供按需印刷,可以由用户随时选择纸质出版,即让用户自由选择所需内容的形式,为此,施普林格大力投资于新技术及其应用,这为施普林格带来了多方面的收益。

2006年8月,施普林格全文数据库正式上线,同年10月底,施普林格中国网站全面开通。整合后的施普林格公司拥有全球600个集团用户,与35 000余家机构组织保持合作,以每年出版超过2 400种学术期刊、7 000种新书的速度成为全球最大的学术与科技图书出版社及全球三大学术期刊出版社之一。其资源内容包含电子期刊、电子丛书、电子图书和在线参考工具书等几个部分。其中,期刊出版是其重要的业务之一。

2011年,施普林格旗下的1 469种期刊出现在《期刊引用报告》(JCR)排名中,其中有62种期刊是第一次入选。据了解,施普林格的英文期刊中有2/3都进入了《期刊引用报告》。截至2011年年底,施普林格旗下54%期刊的影响力均有所增长,并且有76%的期刊被引用得非常频繁。另外,2011年施普林格有19种开放获取期刊进入《期刊引用报告》的排名中,因此2011年施普林格旗下的300余种开放获取期刊中,拥有影响力的期刊已经增长到137种。

(摘自《中国出版传媒商报》2013年9月13日)

【本节要点】

1. 出版品牌

2. 整合营销

【思考实践】

根据任务2【思考实践】设计出版选题方案,进一步设计出版品牌,并撰写、整合营销方案。

任务4　出版衍生产品开发

【案例】

《哈里·波特》是英国女作家J. K. 罗琳创作的魔幻现实主义系列小说,共7部。该系列小说被译成近七十种语言,在两百多个国家和地区累计销量达四亿五千多万册,并由图书衍生电影、DVD、录像带、电视片、游戏、广告、玩具、文具、手机、主题公园、主题旅游等,形成了一个庞大的产业链,而这个产业链还在不断延伸、拓展、丰富,其价值已远远超出图书出版本身。

请阅读上述文字,思考出版衍生产品的意义。

版业的盈利模式已从过去单一依赖纸质图书盈利转向依赖纸质图书、数字产品、版权、形象、衍生品等的多元盈利,其中衍生品的开发渐成常态,成为一种发展趋势。所谓出版衍生品是指以出版物为基础,经过再加工、再创造,延伸、演化而形成的新产品。现今出版业要想单一依赖纸质图书来盈利已是捉襟见肘,出版业一方面要努力做原创,出精品,另一方面也要打开思路大力开发图书衍生品,实现"一种内容,多次售卖"或者"一种内容,延伸、衍生出更多新的内容,尽可能多地销售与盈利",从而丰富文化内涵,提升传播能力,拓展盈利空间。

7.4.1　认识出版衍生品开发的意义

首先,有利于延长出版品牌寿命。出版衍生品的开发是对出版品牌的延伸,它依托出版品牌的声望直接占领市场。出版物本身的影响力和受众面有限,一旦开发成出版衍生品将大大增加该品牌的使用者,形成品牌延伸后的支撑力量。最重要的是,由于衍生产品与出版物品牌之间存在着主题关联,因此,它也是对出版品牌的进一步诠释。

其次,降低了出版社经营成本。出版衍生品产生的前提是其他产业的经营者获得了出版物附属版权中的某一项,比如电影公司购买了图书的电影改编权,制造行业购买了书中人物形象或故事情节改编的版权,将之应用于某种商品的宣传推广等。通过附属版权的销售,图书的版权成本不再由出版社单独承担,而是同各个衍生品的经营者一起承担,这无疑降低了图书的经营成本,并使得出版社的经营风险得到降低。同时,由于附属版权属于隐性版权,在国内版权保护意识并未普及的情况下,出版社应警惕某些不法商贩对附属版权的滥用,切实维护自己的权益,才能通过销售附属版权降低经营成本。

再次,可以形成传播联动效应。传统观念认为出版衍生品起源于出版物,因而只要把出版物做好,衍生品开发自然也水到渠成,事实并非如此。衍生品开发中最商业化的环节是对出版物的人物形象或内容情节进行授权,进而以特许经营的方式将产品出售给消费者。从这个角度讲,出版物衍生品,尤其是影视产品对图书销售的促进作用通常非常明显。如2003年《暗算》由世界知识出版社出版时销售平平,但在根据此书改编的同名电视剧《暗算》播出后,小说版《暗算》全面热销。

【案例】

全世界的机器猫——哆啦A梦

哆啦A梦,早期称机器猫,在台湾则习惯称之为小叮当,是日本动漫界著名的卡通形象。《哆啦A梦》(图7-7)作者为藤子不二雄,作者实名为藤本弘和安孙子素雄(安孙子素雄在1988年退出了机器猫的创作,并改用了笔名藤子不二雄A)。该作品首次发表于1969年12月的由小学馆主办的《小学生学习杂志》,1977年又在库罗杂志上同步连载。因剧情充满想象力且轻松幽默而受到了读者们的欢迎,人气逐步提升,很快就成为了小学馆的支柱作品。

图7-7 《哆啦A梦》

该漫画的连载从诞生时起就一直没有中断,并于1974年开始出版单行本漫画,该版本即为著名的瓢虫丛书,直到1996年才出版完毕,共计45卷46本(第45卷出了2本)。这套丛书在机器猫漫画书系中处于最核心的地位。销量也突破了亿本大关,成为日本为数不多的销量超亿本的漫画。1979年机器猫走上了电视屏幕,在朝日电视台播出,在经历了一小段冰点期后,收视率节节上升。

截至2007年,《哆啦A梦》漫画的全球总销量达1.4亿册。除此而外,在日本,已推出的25部哆啦A梦电影,票房为10亿~35亿日元,其他以哆啦A梦形象为主题的衍生产品不计其数,哆啦A梦已变成了日本动漫文化符号。

(摘自百度百科)

7.4.2　出版产品衍生方式

1)出版产品衍生的两个维度

一是行业内衍生,二是跨行业衍生。

行业内衍生包括横向与纵向两个方向。横向是图书—报纸期刊—广播电视—数字多媒体,其目的是以不同的媒体形式来充分利用内容资源,进而形成相得益彰的文化产品格局;纵向是造纸(出版上游)—出版—印刷发行(出版下游),这是出版上下游相关行业的产业链构造。

跨行业衍生也称多元化产业链衍生,走向是出版跨向其他行业,是以出版主业积累的资本进入投资回报率高的非出版相关行业。比如,重庆新华书店集团公司近年来初步形成出版物发行、光盘制造、酒店旅游、房地产开发四大产业板块;或者通过股份合作、版权贸易、形象授权等方式介入其他行业,比如《杜拉拉升职记》图书火爆后,话剧、电视连续剧、电影、服装等的相继开发。

2)出版产品衍生的不同主体

谁来做出版产业链衍生,特别是跨行业拓展? 如有可能,当然是出版物开发者自己来拓展最划算,因为"肥水不流外人田",但"术业有专攻",专业性是不能回避的问题,还有资金投入的问题(跨行业拓展需要大资金投入),等等。所以,大多数情况下,是出版开发者通过授权的方式,由专业人士或团队来作拓展。在美国、欧洲,大多数出版商、发行商都希望自己出版、经营的图书能被好莱坞选中,因为一旦被选中,不仅可得一笔可观的改编费,还由于电影是强势媒体,能极大地带动图书销售,甚至带动图书向更多领域拓展。

影视公司在拍摄、制作电影、电视剧时,如果剧本或原作还未出书,他们也会积极想办法促成图书与影视的同步开发与出版。比如《哪吒传奇》、《虹猫蓝兔》在制作动画片时,央视就积极寻找图书出版合作者,当动画片播放时,图书也同时上市,两者同步进行,互相推动,达到一种相得益彰的效果。所以,当开发者坚信某本图书确实潜力很大,就应该在策划时通盘考虑,整体运作,积极促成图书与影视、玩具、服装等的同步开发。如果一时难以把握,可先扎扎实实做图书,当图书初步畅销、渐露锋芒、品牌初具时,则立即考虑和策划做衍生品。

3)打造原创与开发衍生品并重

原创是源,衍生是流。原创是基础与根本,衍生是转移与提升,没有好的原创作品就难以有好的衍生品。除了要善于从古典名著中挖掘题材与元素外,我们还要善于从当代作品中寻找、挖掘鲜活的素材与元素,创造优秀衍生品。从出版管理部门到出版企业,再到编辑、作者、衍生品开发者等个体,都要致力于打造精品原创,开发有生命力、竞争力的衍生品。我们目前的局限是,一方面对原创重视不够,精品不多;另一方面对衍生品的开发还处在浅层次、粗放型阶段,开发的力度有限,深度不够,战果不丰。这两者都需要有创造,有创新,都需要精耕细作,精雕细刻,精益求精。

4)重视知识产权保护

在努力提高出版物及衍生品质量的同时,更加需要注意运用法律对出版物与衍生品开发起着规范与保护的作用。要促进出版产业链的拓展,需要营造良好的法律环境,尤其需要完善与版权相关的法律、法规。一方面要保护原有产品生产商的合法权益,使出版产业链的源头生产商不断提高创作质量,不断提供优秀原创;

另一方面要保护产业链拓展以后,下端开发商、生产商的切身利益,使其愿意购买原有产品的版权进行衍生品开发,并打造出优秀衍生品。目前,我们依然存在有法不依、执法不严的问题,比如困扰出版界多年的盗版问题如梦魇一般纠缠不清,个中原因非常复杂,但执法力度不够是一个主要原因。还有,我们的出版物和出版衍生品创新度不高,竞争力不强,质量有待进一步提高。我们要努力打造有竞争力的原创作品,开发有竞争力的衍生品,两者并举,互相促进。

【案例】

文化帝国"迪士尼"

美国沃尔特·迪士尼公司自创办以来,塑造了很多可爱的卡通形象(见图7-8)。迪士尼在全球拥有无与伦比的娱乐以及新闻品牌优势,成为庞大的娱乐和商业帝国。

1924年,沃尔特·迪士尼兄弟创造了第一个系列片《爱丽丝喜剧》,这部片子获得了观众的一致好评。1926年制片厂改名为"沃尔特·迪士尼"公司,随后公司先后制作了《米老鼠》《白雪公主》等优秀动画,并分别取得成功。而这些可爱、乐观的动画形象也随之成为家喻户晓的知名品牌。

图7-8　迪士尼

主题公园创收是迪士尼公司的第二个重要衍生。迪士尼乐园于1956年开幕,此后,在美国和海外又陆续开了5家,分布在4个国家和地区的迪士尼主题公园。2005年9月12日,香港迪士尼乐园成为中国第一座迪士尼主题公园,而迪士尼公司已落实计划在中国上海市川沙镇建设另一个主题公园,唯名称或许不再以"迪士尼"相称。截至2010年3月,美国加利福尼亚州、佛罗里达州、法国巴黎、日本东京、中国上海、中国香港6处地方建有迪士尼乐园。世界各地迪士尼乐园吸引大量游客消费。

迪士尼在美国本土和全球各地授权建立了大量的迪士尼专卖商店,通过销售各种玩具、食品等品牌产品进行再次拓展衍生。目前,其相关消费品主要包括迪士尼动画形象专有权的使用与出让、品牌产品的生产和销售以及有关书刊、音乐和游戏的出版发行等。

迪士尼从1994年以来,先后在纽约百老汇推出了大型音乐舞蹈剧《美女与野兽》《狮子王》等作品。1996年成功收购了美国广播公司,并开通了卡通频道、历史频道等10个电视频道。迪士尼还拥有72个电台,并涉足电子商务和无线通信服务领域。1997年迪士尼与出品了《玩具总动员》的皮克斯合作,相继推出5部动画片,并于2006年收购皮克斯。

迪士尼公司一直十分注重自身品牌的多元化商业开发,从单一的影视制作发展为多元的产业链条。公司的营业收入约一半来自产品销售,其中百分之三十的收入来自影视拍摄,百分之二十的收入来自主题公园。

迪士尼的产品衍生经营是世界文化产业发展史上的成功典范。他的成功经验在于以推广大众娱乐为主业,精益求精打造品牌,然后在品牌基础上进行产业延伸和产品多元化开发。建立一条以商品开发、主题公园、媒体网络和影视制作四大支柱为整体的产业链,通过多元化商业经营实现其品牌价值的最大化。

(摘自迪士尼中国官网. www. dol. cn)

【本节要点】

1. 确定营销主张;

2. 选题营销定位;

3. 出版品牌策略;

4. 出版衍生品开发。

【思考实践】

1. 分小组进行出版选题,并由各小组对自己的选题进行分析,确定选题的独特价值,提出恰当的出版时机、可取的通路和营销方式。在此基础上,各小组展示分析结果,并相互讨论、评析。

2. 基于以上选题的基础,撰写出版品牌建设可行性方案,并考虑后续出版衍生品开发。

【延伸阅读】

名人出书更需优质营销

纵观开卷非虚构类榜单我们可以看到,人物类图书占据了大量且靠前的位置,其中包括杨澜的《一问一世界》,蔡康永的《说话之道》等。然而其中市场表现最为强劲的则属央视著名主持人白岩松的《幸福了吗?》,这部由长江文艺北京中心策划的作品是榜单上蝉联冠军次数最多、在榜时间最长的人物类图书。那么这本书是如何在近几年相对低迷的图书市场尤其是人物类图书市场中脱颖而出的? 成功畅销的原因究竟是什么?

2010 年 7 月,在策划人金丽红与白岩松达成了出版意向的 3 个月后,白岩松把《幸福了吗?》的原稿交到责任编辑陈曦的手里。据陈曦回忆,在交给她原稿之前,白岩松已仔仔细细修改了不下十遍,很多次推倒重来,稿子交到陈曦手里之后,他们又一起做了几次大的改动。在图片处理上,白岩松同样仔细认真,他亲自精挑细选每一张照片,并为照片配上详细的说明文字,图片周边的细线都是他提出的,每个篇章页上的"幸福了吗"中国印也是他的创意。

应该说,在前期对书的打磨过程中,《幸福了吗?》凝结了作者和编辑大量的心血。与此同时,一场关于《幸福了吗?》的营销策划活动也在紧锣密鼓地进行着。

多版本变换　持续营销

9月,《幸福了吗?》终于完成全部制作。

白岩松作为中央电视台资深节目主持人和新闻评论员本身对纸媒具有极大的号召力,出版方充分借力这点优势,接连几次策划与书名相关的话题和新闻事件,"央视名嘴白岩松十年之后再出新书"的消息不胫而走,引发各大媒体跟踪报道,起到了良好的前期宣传效果。

万事俱备,只欠东风。新书发布会上,出版方邀请全国几十家电视媒体到场,录制现场发布视频,在各地电视台播出,全国各大媒体均以大版面发出报道。深谙媒体之道的白岩松更是提出,要根据图书的销售情况及宣传情况有节奏、有步骤地安排媒体深度专访。白岩松主动提出要去三大门户网站做视频访谈,新浪网、腾讯网、搜狐网,针对不同的群体选择3个最具代表性的网站做视频访谈,将白岩松出新书的消息最大程度地散发出去。

经过第一轮营销之后,《幸福了吗?》便在新书上市后的前3个月蝉联开卷非虚构类榜单桂冠。

白岩松和出版方并没有被前3个月的骄人成绩冲昏头脑。3个月之后,在新年即将来临之际,为了满足读者求新求变的心理,白岩松配合出版方共同设计了一种创意营销方式——推出《幸福了吗?》贺岁版,在之前的基础上加上一个腰封,两个印着"幸福"的大红灯笼,带来浓浓的年味,与过年的氛围不谋而合,这时候推出贺岁版起到了恰到好处的效果,让"幸福"二字成为年终岁末人们热议的话题。《幸福了吗?》自然又引发一轮新的销售热潮。

贺岁版上市及第二轮营销活动掀起了新一轮销售高潮,从开卷数据来看,12月销售曲线到达最顶峰,单月监控销量达37 944册。

第二轮销售热潮尚未落下帷幕,出版方又趁热打铁推出了《幸福了吗?》口袋版。口袋版创意也来自于白岩松,白岩松认为口袋本时尚环保,最重要的是方便、人性,符合现代人的生活方式。同时,他希望通过多版本轮换,给读者不断的新鲜感。再者,白岩松充分考虑到学生群体经济承受能力有限,口袋版定价较低,较适合学生群体购买。

在销售上,由于针对学生群体,口袋本没有像大本一样销量火爆,却也是大本的一个很好的补充。大本和小本相互拉动,销售一路领跑图书市场。

从开卷数据来看,口袋本至今累计监控销量为24 500册。再版《痛并快乐着》截至2011年9月累计监控销量52 516册。

除了重视传统渠道的营销推广,白岩松和出版方也高度重视网站销售。继《幸福了吗?》口袋本之后,出版方和当当网共同协商,为当当网独家定制了一个礼盒套装,是大本《痛并快乐着》和《幸福了吗?》的合装,为了体现出独特性和产品的差异化,在盒子里面附加了藏书卡,还附赠了一张白岩松《关于幸福的问与答》的公开课的演讲光盘。

大盒子的套装在当当网上销售非常不错,负责发行的孙硕总结道:"网站卖得好,又反过来促进实体书店更加重视这本书,由此形成良性循环,获得渠道优势。"后来地面经销商反馈说有读者也想购买盒子套装,因此出版方就把《痛并快乐着》和《幸福了吗?》的口袋本制作成一个小盒子套装。

如此一来,《幸福了吗?》共出过普通版、贺岁版、口袋版、大盒子套装、小盒子套装5个版本,多版本的变换不断吸引读者的眼球,给读者不断的新鲜感,同时满足了不同收入、不同阅读需求的读者。在渠道方面,一有新版本出现,渠道也会重点码放,促使《幸福了吗?》经常能呈现在读者面前,很多卖场将5个版本的《幸福了吗?》码成一排,气势恢宏,吸引读者翻阅购买。

紧随每一次新版本的出版,出版方都充分利用各种途径,把出新版本的消息最大面积地发散出去。同时,出版社结合各书城策划各种促销活动延续卖场的销售热情,一年下来便有了在开卷排行榜蝉联5个月冠军,连续14个月在榜的骄人成绩。

签约名人 管理名人

用白岩松对金丽红讲的一句话就是:我的书就适合在你们这儿出。

《幸福了吗?》一方面借靠着白岩松自身拥有的名气,在上市之前已经引起了读者的关注,这是此书之所以能够畅销的重要原因。另一方面,白岩松全程参与此书的设计、营销各个环节,在很大程度上,此书的畅销白岩松本人起着很大作用。

然而出版方在管理名人和管理营销上做的大量工作则把一本预计三四十万册的畅销书一路推到一百多万册。对于出版社而言,要想在人物书领域占据一席之地,能不能签下名人是关键,签下名人之后如何管理名人和管理营销也是关键。《幸福了吗?》让我们看到在管理名人方面出版方做了大量工作,包括维护名人关系、细致落实名人的想法;在管理营销上出版方更是详细规划每一轮营销活动,充分将新媒体和传统媒体营销细节化运作有机结合。出版方想在激烈的市场中立于不败之地,针对细分领域的充分把握和持续跟踪至关重要。

《幸福了吗?》上市一年发行突破100万册的事实证明白岩松选择长江文艺是正确的。

对长江文艺而言,并不是每个名人的书都可以出,在选择名人上他们有3个比较硬性的要求：首先，名人必须要能亲笔动手写，为此长江文艺曾拒绝过几位想找人代写的名人；其次，名人要有较好的文笔；最后，名人需要有思想有内涵，名人的人生经历能被大多数人认可，能够起到引导作用。而白岩松则符合了以上所有条件。

金丽红表示，长江文艺是一个很注重做人做书的出版机构。对所选择的名人，首先编辑及出版社都要从内心认同他的价值观，欣赏他的人格，认同他的作品中所表达的思想，这样才能和名人对得上话，能够在交流过程中，说出问题的关键点，能够站在和作者同一层次去思考问题。在白岩松的《幸福了吗？》一书中，长江文艺提出的第一个问题就是"为什么要用问号"，当出版方提出这个问题时，白岩松就赞同地说这个问题提得非常好。

其次，真心待人，注重平时关系的维护。用真心付出，换来长期合作。白岩松曾在采访中笑称"金总一年至少请我吃两次饭，吃人家嘴短"。从这个可以看出，在平时与名人的关系的维护上，长江文艺花费了不少心血，同时也可以看出长江文艺与名人的关系都非常好。

再次，对名人有强烈的责任心，通过在图书质量上严格把关，确保图书的品质。对签下的书，出版社都会用尽全力去推动全过程，在《幸福了吗？》这本书中，出版方用尽了各种营销方式，也充分利用了渠道的优势，借力各方面媒体等充分推动了此书的销售，在发行、编辑、宣传等每一个环节都做得很细致，用白岩松的一句话就是"我想到的，你们都做到了，我没想到的，你们也做到了。"白岩松提出的图书设计也好，多版本变换也好都是出版方具体执行，出版社都仔仔细细落实到细节。在白岩松的30几场签售活动里，有超过半数的活动都是金丽红和陈曦亲自陪同。在出版方和名人打交道过程中，更多时候是做名人的贴心顾问，落实名人的想法，在名人考虑不到的地方也做得非常出彩。

最后，通过名人的口口相传，扩大关系网，形成了出版方良好的口碑。

对白岩松来说，十年前的《痛并快乐着》，他和金黎组合有过良好的合作，十年后的今天他继续选择和他们合作，共同创造了《幸福了吗？》的销售奇迹。在一次采访中当被问到十年后还会怎样时，白岩松说十年后他还计划出一本书，合作方仍然会选择金黎组合，而金丽红也说他们彼此间已经形成了这种默契。

（袁小聪　北京开卷信息技术有限公司）

模块8

数字出版选题策划

学习目标

知识目标

1. 了解数字出版物的特点；
2. 掌握数字出版的内涵；
3. 掌握数字出版物选题策划的方法与步骤；
4. 了解数字版权保护的意义。

能力目标

1. 能准确掌握数字出版物类别；
2. 能根据市场,制订跨媒体选题方案；
3. 能确定立体式选题策划；
4. 掌握基本的数字版权保护方法。

任务1 认识数字出版

《人民日报》网络版(www. peopledaily. com. cn)于1997年1月1日正式接入Internet,力求成为"权威网站,大众媒体",并先后实现网上实时报道、网上电视台、网上电台功能。1999年,网站因应"抗议北约暴行"成立论坛,即"强国论坛"。"强国论坛"上跟帖数量为全球中文论坛第一,日访问量最高达到153人万次。

(摘自人民网)

请阅读上述文字,思考网络信息时代的出版形态及发展趋势。

8.1.1 数字出版物特征

数字出版媒体提供的出版信息丰富多彩、数量巨大,能够提高数字出版的时效性,并充分体现受众的需求,提供个性化的出版信息服务,同时也能够获知受众的需求,甚至与受众进行交互形成网上的公共舆论。

数字出版媒体的出现和发展导致出版的传播者和受众的观念发生转变。通过和传统出版媒体在出版目的、主要内容、时效性、受众、传受关系、受众主体意识以及出版重点的比较中,我们可以把握住网络新闻媒体的特征,如表8-1所示。

数字出版媒体实质上是提供出版信息服务的网络机构,而不仅仅是网络信息的发布机构。它已超出了传统出版媒体的模式,更类似于"数字出版信息咨询服务"。

数字出版媒体的出版信息内容有软化、泛化的趋势,即时事政治类、舆论导向类的硬出版比重减少,而提供教育、娱乐、信息、咨询、服务的功能增多。同时数字出版媒体退出出版的速度更快,一般更新的时间精确到几点几分,而过时的出版内容仍有潜在价值,提供数据库储存后仍然可提供用户搜索和查询。数字出版媒体的受众阅读数字出版物没有时间限制,浏览信息有很大的自由度,受众可以通过交互和参与评论,主体意识增强,这和传统的出版媒体形成鲜明对比。

另外,数字出版媒体对出版的原创性、独家报道权要求不是很高,强化的是出版的汇编和检索,并在此基础上提供更富交互性、智能化和个性化的数字出版服务。如表8-1所示。

表 8-1　传统出版媒体与数字出版媒体对比

	传统出版媒体	数字出版媒体
出版目的	发布知识信息	提供信息服务
主要内容	硬出版	软化、泛化的出版信息
时效性	差	强
受众	周期性接受	随时获取
传受关系	出版者主导	受众自由度大
受众的主体意识	弱	强
出版重点	强调体例、版权	注重汇编、检索

8.1.2　数字出版物分类

1) 新闻信息出版

网络新闻出版是以网络为载体的新闻,具有快速、多面化、多渠道、多媒体、互动等特点。突破了传统的新闻传播概念,在视、听、感方面给受众全新的体验。它将无序化的新闻进行有序的整合,并且大大压缩了信息的厚度,让人们在最短的时间内获得最有效的新闻信息。此外,网络新闻将不再受传统新闻发布者的限制,受众可以发布自己的新闻,并在短时间内获得更快的传播,而且新闻将成为人们互动交流的平台。

【案例】

通讯社的网络扩展:新华网

新华网由新华社于 1997 年 11 月 7 日正式开通,依托新华社遍布国内外的 150 多个分支机构,组成了覆盖全球的新闻信息采集网络,提供权威、丰富、快捷的新闻信息,大量的现场报道、独家报道和多媒体报道。

新华社由北京总网和分布在全国各地的 30 多个地方频道及新华社的十多家子网站联合组成,有"中国互联网站航空母舰"之称。新华网"融汇全球新闻信息、网络国内外大事",每天以中(简、繁体)、英、法、西、俄、阿、日等七种语言,24 小时不间断地向全球发布新闻信息。

新华网提供多媒体现场直播、焦点网谈、发展论坛和统一论坛等栏目和服务。图 8-1 为新华网的主页截面。

图 8-1　新华网主页

（摘自新华网 www. news. cn）

2）数字图书出版

数字图书一般有两层含义：一是指传统印刷图书的数字化版本，以互联网为流通渠道、以数字内容为流通介质、以网上支付为主要交易方式的数字出版形式，是数字出版中一个主要的出版方向；二是指通过 Internet 下载和显示数字图书的专用硬件阅读设备，如亚马逊的金读（Kindle）、掌上书房等。为了保护版权，这种设备只能提供一个封闭的计算环境，通过特殊的网络方式购买、下载、更新图书。

【案例】

大获成功的数字图书：《骑着子弹飞行》

2000 年 3 月 14 日，美国小说家斯蒂芬·金（Steven King）的《骑着子弹飞行》（Riding the Bullet）由西蒙—舒斯特公司出版，这是一本只在网上发行数字版而不发行印刷版的图书。

这本书讲述一位旅行者在搭上便车以后一天的恐怖遭遇，共 68 页（以 PDF 格式计算），售价 2.5 美元，负责销售的亚马逊网站可以从中抽取利润。另外，掌上电脑的图书格式可以从 PeanutPress. com 网站下载。这部小说在网上当月就被下载 50 万次。

不久以后,《骑着子弹飞行》所采用的加密技术被黑客破解,其解密版的 PDF 格式一度在 Internet 上大量出现。通过不断删除网上解密的 PDF 文档,该数字图书的盗版问题才逐步得到缓解。《骑着子弹飞行》的选题、发行是数字出版产业中具有里程碑意义的事件。

(摘自百度百科)

3)数据库出版

数据库出版是利用数据库技术实现数字出版的过程,数据库出版在传统出版中早已有运用,比如,20 世纪六七十年代出现文字处理终端机,就已经具备一项称为邮件合并的功能,当用户需要印刷大批只有收件人姓名、地址等属性资料不同的信封和信件时,可用电子文档的名字和相应属性列表生成完整的信件并加以打印。这是数据库出版的雏形,尽管数据库并不完善,但却有效。

随着网络技术、数据库技术的不断发展,以主从式机制运行的联机数据库获得了巨大的发展机遇,形成了 Web 数据库出版产业,而 Web 数据库出版的技术借助丰富的联机数据库资源,迅速形成数字出版主流形式的一种,特别是在科技信息资源出版(如万方数据库)和政府信息资源出版方面(如电子政务网)。

【案例】

世界最大的数据库出版系统:DIALOG

美国的 DIALOG 联机检索系统可谓称雄数据库出版领域,该系统最初由美国洛克希德导弹航空公司所属的一个情报科学实验室负责建立,自 1972 年起 DIALOG 投入商业运营,随后兼并了 Data-Star 公司,成为第一大数据库出版的信息服务公司。

1985 年,DIALOG 以 3.5 亿美元出售给 Knight-Ridder 新闻公司,又被命名为 KR-DIALOG 系统。DIALOG 现有 100 多个国家约 20 万个终端用户,主机系统位于美国加利福尼亚的帕洛阿图(Palo Alto)市。

DIALOG 内容涉及 40 多个语种和 6 万多种期刊。科学范围包括综合性科学和自然科学、应用科学和工艺学、社会科学和人文科学、时事报道和商业经济等。其数据来源于各种不同的图书、报纸、杂志期刊、技术报告、会议论文、专著、专利、标准、报表、目录、手册的信息。

DIALOG 拥有近 600 个联机数据库。其中有许多具有代表性的数据库,如 CA(化学文摘)、INSPEC(英国科学文摘)、MEDLINE(医学文献数据库)、MATHSCI(数学文献数据库)、BA(生物学文摘)、NTIS(美国政府报告)等都加入了 DIALOG 系统;另有 SCI(科学引文索引)、EI(工程索引)(图 8-2)、ISTP(科技会议录索引)、SSCI(社会科学引文索引)、AHCI(因数与人文科学引文索引)等检索数据库也都可以从 DIALOG 系统中检索；再有 DERWENT 专利数据库以及美国专利、欧洲专利、日本专利等数据库也都可以在 DIALOG 中查询。DIALOG 还拥有 IAC 的计算机全文库、《纽约时报》和《华盛顿邮报》等全文库。

经历 20 多年的发展，中国通过数据通信专线与 DIALOG 联机的终端有 140 多个，分布在 50 个大中城市中，设置在各个研究机构和大学里。

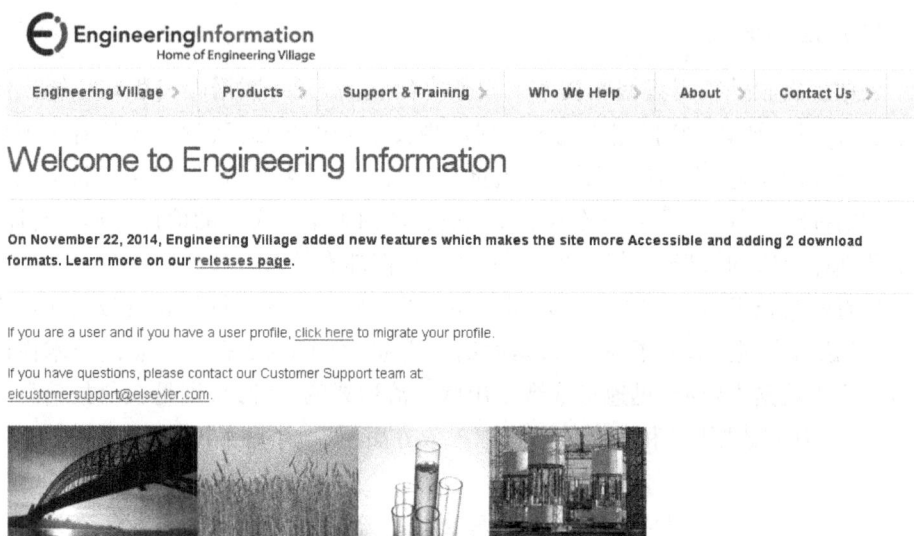

图 8-2　DIALOG 旗下 EI 检索网络入库

（摘自百度百科）

4）数字图书馆

数字图书馆是用数字技术处理和存储各种图文并茂文献的图书馆，实质上是一种多媒体制作的分布式信息系统。它把各种不同载体、不同地理位置的信息资源用数字技术存储，以便于跨越区域、面向对象的网络查询和传播。它涉及信息资源加工、存储、检索、传输和利用的全过程。通俗的说，数字图书馆就是虚拟的、没有围墙的图书馆，是基于网络环境下共建共享的可扩展的知识网络系统，是超大规模的、分布式的、便于使用的、没有时空限制的、可以实现跨库无缝链接与智能检索的知识中心。

【案例】

中国高等教育文献保障系统 CALIS

中国高等教育文献保障系统 CALIS（图 8-3），1997 年 5 月正式启动，是以中国高等教育数字图书馆为核心的教育文献联合保障体系。

设在北京大学的 CALIS 项目管理中心联合各参建单位,建设了文理、工程、农学、医学四个全国文献信息中心,华东北、华东南、华中、华南、西北、西南、东北7个地区中心和1个东北地区国防信息中心,发展了152个高校成员馆,建立了一系列国内外文献数据库,包括联合目录数据库、中文现刊目次库等自建数据库和引进的国外数据库,采用独立自主开发与引用消化相结合的道路,开发了联机合作编目系统、联机公共检索系统(OPAC)、馆际互借与文献传递系统等,形成了较为完整的 CALIS 文献信息资源服务网络。

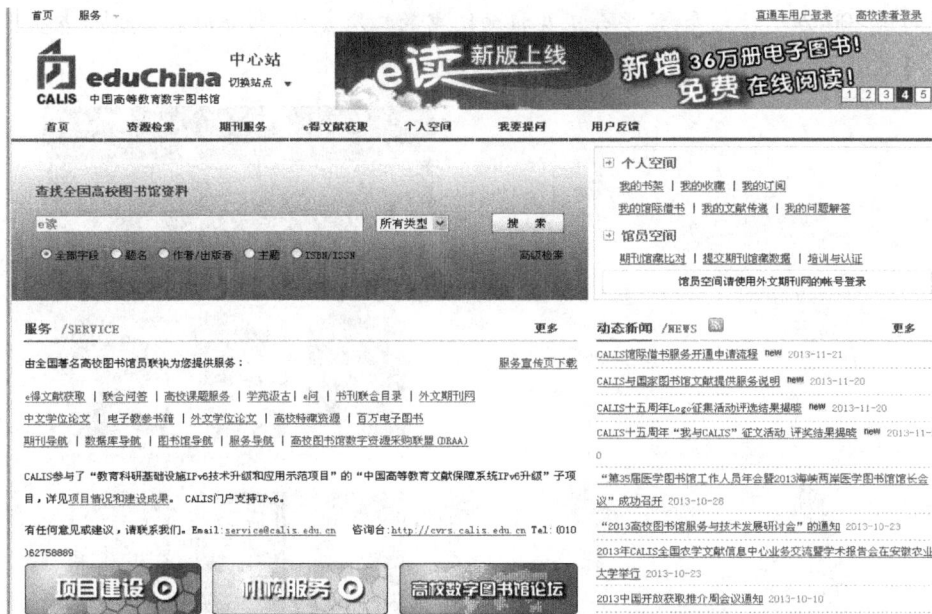

图 8-3　中国高等教育文献保障系统 CALIS

（摘自中国高等教育文献保障系统 project. cails. edu. cn)

5）移动出版

移动出版是指出版信息服务提供者使用文字、图片、音频、视频等表现形式,将自己创作或他人创作的作品经过选择和编辑加工制作成数字化出版物,通过无线网络、有线网络或内嵌在手机等移动设备上,供用户利用手机或类似的移动终端阅读、使用或者下载的传播行为。

【案例】

中国移动阅读基地

中国移动 2008 年年底在浙江启动手机阅读基地建设,2010 年 5 月,中国移动手机阅读正式联网商用,面向全网用户提供服务(图8-4)。截至目前,中国移动手机阅读已经汇集包括21万册精品内容,涵盖杂志、漫画、图片等正版图书,累计为1.6亿用户提供过手机阅读服务。目前,基地每月的访问用户超过4 500万,月信息费收入突破1亿元。基地2010年6月的信息费收入达到1.3亿元,始终保持5%左右的月增幅。

据最新数据,2010年6月底,该平台上点击量超过1 000万次的图书有1 140本,排名第一的图书点击量为12.3亿次;从2010年1月至6月,单本图书的收入已超过700万元。此外,该平台正在推动图书的二次发行,部分原创小说的点击量已超过2.33亿次。

图8-4 中国移动手机阅读

(摘自中国移动阅读基地 read.10086.cn)

【本节要点】

1. 数字出版特征;

2. 数字出版物分类。

【思考实践】

请例举出你身边的数字出版物,分别说明其属于哪类数字出版物。

任务2 数字出版时代的立体选题设计

美国最大的出版集团之一麦格劳·希尔集团(The McGraw—Hill Company)成立于1888年,是全球500强企业之一。目前的主要业务包括三大部分:第一为图书出版与教育,出版从幼儿园到高等教育的各类各学科教材、学术著作以及大众畅销书等;第二是金融服务,拥有全世界最著名的资信评估机构——标准普尔,在全球设有25个分支机构,通过制定标准和为金融决策者提供可信的分析报告,向全球的投资者即时提供网络以及网络以外的金融信息服务;第三是信息和媒体服务,主要包括4家电视台以及《商业周刊》在内的20家期刊和多家信息咨询公司,其业务范围包括媒体内容提供、会议服务、会展和行业信息服务等。

(摘自百度百科)

请阅读上述文字,思考数字出版时代出版商选题策划趋势及方法。

8.2.1 出版媒介融合设计

目前出版所处的媒介环境,随着网络技术特别是无线移动通信技术的成熟界限日渐模糊,媒介融合的趋势蔓延到整个行业。媒介融合的现实意义是消费者可以用无所不能的终端,通过无处不在的网络,获取各自所需要的服务。互联网可以通过图文、音频、视频等多种媒介形式对内容进行表达,手机也由单纯的通信工具发展成为整合视频、音频、图片、文字等多媒体资源的全媒体。因此,出版选题必须突破出版业的原有界限,将出版物的内容实施面向不同媒介形态的开发与经营,建立跨越各种媒体类型的立体化出版格局,发展纸质出版之外的网络出版、手机出版等多种经营模式。

出版媒介设计,就是在出版媒介融合发展的背景下,出版资源可以实现一次制作多元发布,根据用户需求形成不同介质的产品和服务,实现对不同媒体细分市场的覆盖,满足不同受众群体的媒介消费需求。出版社依托自己的内容资源,用数字技术进行立体化传播,在生产纸质书籍的同时,生产面向网络和手机媒体的数字产品,将传统纸质书籍、光盘、互联网、3G手机等媒体捆绑起来,实现跨媒体、跨终端的立体化出版,最大限度地实现资源的充分利用,减少分别运作造成的重复投入,降低出版成本,增加出版物的价值。

【案例】

人民出版社的一次全媒体出版

2012年11月21日,党的十八大报告(见图8-5)和《中国共产党章程》的电子书在中国理论网、中国移动、当当网、京东商城、四川文轩九月网、中文在线等网络渠道上线发行。尽管上线只有一周时间,但党和国家重要文件、文献出版物首次实现纸质、数字同步出版,受到了广泛关注。截至记者发稿时,在百度搜索"十八大电子书"可查询到283万条搜索结果。据京东商城透露,十八大文件、文献电子书在京东的单本日点击数已接近5 000次。

这是人民出版社一个全媒体出版营销的最新案例。为了适应网络发展的新形势,满足不同读者多元化的阅读需求,人民出版社对党的十八大文件、文献的出版发行工作进行了通盘考虑,在确保纸质图书顺利出版发行的同时,利用新媒体、新平台开展网络销售与电子书发行,以通过全媒体出版的方式更好地服务于十八大宣传工作。

(摘自《中国新闻出版报》2012年12月3日)

与纸书相比,电子书阅读更为便捷,党的十八大文件、文献通过网络平台更高效地到达读者手中。"纸书+电子书"的多媒体出版方式将使党的十八大精神传播得更远更广。

8.2.2　跨媒体出版选题策划

当前的选题策划必须建立在对出版媒介及目标受众特性的准确把握上。在数字技术和网络力量的推动下,出版的范畴已经大大拓展,出版业已经由单纯的纸质出版向数字出版、跨媒体出版的方向迈进,形成了全新的出版环境。

编辑进行选题策划时,不能单纯考虑纸质图书一种介质形式,而应重视图文音画的有机整合和对多媒体编辑手段的充分运用,进行跨媒体策划。我国已明确数字出版的产业化政策,对多数出版社来说,向数字出版转型,发展复合出版业务是不二选择。因此,出版社逐步成为网络出版、手机出版的经营主体。编辑组织出版资源、进行选题策划时,必须考虑网络和手机等新媒体的特点,建立时效性、互动性、复合性的新媒体传播理念,适应多种载体整合出版的要求。编辑必须整合考虑纸质图书、网站及手机等不同媒体终端的特点,开拓选题来源,把握市场变化,以"全媒体"概念重构图书的选题策划模式,根据不同介质和受众特点,发挥各自的传播优势,形成多样化产品,使图书业最具竞争力的内容资源得到最大化增值,最大程度地开拓市场空间。

| 全部商品分类 ∨ | 数字商品 | 电子书 | 网络原创 | 畅销榜 | 畅读 | 客户端下载 我的 |

首页 > 电子书 > 社会科学 > 政治 > 中国共产党第十八次全国代表大会文件汇编

图 8-5　人民出版社——党的十八大报告网络版

　　编辑进行选题策划时,应充分认识出版资源的可再生性,在出版载体的转换中,实现内容资源的价值让渡。对于纸质图书市场反映好的选题,可以进行重复开发,对原有内容进行整合后,推出同名网络图书、手机图书,以新的产品形态满足读者新的需求,使图书在载体的变换中焕发出新的生命力。同样,对于某些受到热捧的网络图书,也应考虑将选题进行形态转换后,出版纸质图书和手机读物。策划编辑与网络的"联姻",使出版选题成功的几率大大提高,一些文学网站和论坛上的优秀作品结集出版后受到欢迎,不少校园读物和青年情感文学图书的内容来自网络,这些选题基本上都有不错的社会效益和经济效益。

　　【案例】

网络文学的发源"榕树下"的跨媒体出版

　　华语文学门户"榕树下"创办于 1997 年,是国内成立最早、最具品牌的文学类网站,拥有全球最大的原创文学作品稿件库之一,并与国内多家出版社、影视公司、平面媒体、新闻机构建立了良好的合作关系。2009 年,"榕树下"由盛大文学控股,在盛大文学集团旗下的文学网站中,"榕树下"作品以接地气、贴近现实、情节曲折丰富著称,正逐步发展成影视改编的文学源头之一。

"榕树下"通过多年的努力凝聚了一批在华语文学界极具影响力的作家,如韩寒、慕容雪村、宁财神等。2002 年,"榕树下"开始大规模与出版社合作。迄今为止,出版了不少深受读者欢迎的青春文学图书,如慕容雪村的《成都今夜请将我遗忘》、蔡智恒《洛神红茶》、安妮宝贝的《告别薇安》、林长治的《沙僧日记》、今何在的《诺星汉天空》、孙睿的《草样年华 II》等。2005 年 5 月,"榕树下"与北大方正结成战略联盟,推出了 CEB 电子书,开始进入电子书产业,读者不仅可以读到"榕树下"线下出版的图书,更可以读到精心制作的网络杂志,自此"榕树下"将有更多的原创作品可以通过多种渠道互补出版,真正意义上实现跨媒体出版。

(摘自榕树下官网 www.rongshuxia.com)

8.2.3　立体化品牌建设

数字出版时代,出版单位应利用各种媒介增加读者的品牌接触点,强化自己的选题策划优势,不断加强出版社的品牌建设。出版社应把选题策划延伸为出版策划,将选题优势延伸到网络产品和手机读物,集成电子书、语音书、视频书、手机书、软件智能书等多种数字出版形式,整合书评、书摘、书讯、书友、博客等多种互动阅读功能,提供全方位、多形式的跨媒体互动平台,使出版物的表现形式更加丰富新颖,编读互动更加迅捷方便,使消费者在互动体验中潜移默化地理解品牌内涵。

品牌树立以后,还要不断进行维护,利用媒介组合策略强化自己的品牌影响力,培育读者对品牌的忠诚度,建立本社网站,精心设计网页,突出个性色彩,建立选题链接,拓展内容结构。同时,网站名称、网站域名、网站 LOGO 等,应与出版社的名称及整体风格相同,体现出版社品牌图案的符号、设计、色彩和文字等,应与纸质图书的形象设计相一致。与网上书店、读书网站、读书频道以及行业性网站或频道合作,建立书目数据库、投放网络广告、进行在线内容揭示、发布网络书评、实行在线对话和新书发布、鼓励作者和宣传人员开博、重视搜索引擎中排名,等等,这些都为出版社提供了多种同网络结合的方法,扩大了出版选题的影响空间,使品牌在网络中延伸和增值。实现传统出版、网络出版、手机出版等多元化模式的对接、融合,使出版社拥有的前沿内容资源,精明强干的编辑队伍,科学发展的战略定位和运营模式以及求实创新的产品形态、服务形态等,都在更大的平台与空间中发挥竞争优势,扩大选题的影响力和出版社的品牌优势。

【案例】

国内出版业的品牌扩张

近年来,国内各省都在原出版局直属出版社与政府部门脱钩的基础上组建了出版(传媒)集团。辽宁出版传媒集团、安徽时代出版传媒集团等多家集团已经上市,其产业链涉及传统出版和数字出版,还涉足金融、房地产、娱乐、餐饮、物流等行业。江苏凤凰出版传媒集团的业务范围包括出版发行、印刷复制、酒店、房地产、物资供应、对外贸易,并通过控股实施业务扩张。湖北长江出版传媒集团除自身拥有的全资子公司外,还大力通过控股、参股扩展业务,范围涉及图书报刊、音像数字编辑、印(复)制、发行等出版业务,以及物资供应、对外出版贸易、科研和教育培训等配套业务,并向影视、网络等媒体及其他文化服务、地产物业等领域拓展,形成较为庞大的产业体系。

出版传媒集团拓展与出版看似不相关的业务,并不是有意不务正业,而是在学习国际大型出版集团的做法,寻找产业发展规律,试图在出版主业品牌的旗帜下实现扩张。

(摘自《出版科学》2009 年 06 期)

8.2.4　全程策划

随着出版市场化进程的加快,"全程策划"观念日益受到人们的关注。编辑的选题活动虽然处于出版工作的源头,但策划意识应该贯穿整个出版的始终。选题策划是一个动态过程,它的前瞻性使这个环节与市场调查、选题设计、选题价值、作者队伍、印装设计、读者定位、市场预测、效益预算、宣传推广、发行策略、售后服务、信息反馈等诸多方面密切相关。因此,编辑的选题策划已不仅仅是现代出版编辑的一项具体的编辑业务,而是在更高层面上对出版物的生产、制作和传播进行的整体把握,是对出版工作全程的战略性调控与指导。

数字出版时代,编辑可以借助网络和移动通讯媒体进行市场调研和分析预测,使选题策划更加便利有效。一个好的选题要有独特的视角,编辑必须对社会文化新思潮、新趋势时刻保持高度敏感性,能够从海量信息中挑选出受众关注的热点选题。传统的跑书店、读样书进行选题策划的方法,已不能适应数字出版时代快节奏、高效率的图书策划要求。编辑应充分利用网络资源丰富、查找便利、互动交流方便等条件,提高选题策划的效率。借助网络和手机,编辑可以通过搜索引擎,方便地查找到新资料、新成果、新知识,掌握最新学术动态和文化热点;可以利用特定的新闻讨论组,吸引读者参加网络上的专题讨论;还可以通过博客、论坛、短信、彩信等形式,就某些选题与读者互动探讨,了解读者的阅读兴趣和动向,为图书的选题策划做好先期准备。

【案例】
引进《哈利·波特》系列丛书的全程策划
人民文学出版社出版的《哈利·波特》系列图书(图 8-6)能够成为超级畅销书

的一个重要经验,就是编辑主动参与图书的选题策划和市场策划。

《哈利·波特》首次引进之前,编辑与发行人员积极配合,在网上组织对该书部分段落翻译的评比活动,并且制造了内容悬念,有效地加大了市场的关注度,在图书出炉之前制造声势,对市场先期进行预热,为图书的畅销进行铺垫。有些选题可以先在一些手机阅读网站进行部分内容的免费阅读和下载,造出声势后再进行网络出版或收费的手机出版。编辑还可以在出版社网站的首页提供出版动态与图书资讯,汇集来自不同媒体的书评,为网友开辟专门的评论空间,以书摘的形式对部分图书进行介绍,并以连载的方式提供部分图书的在线免费阅读服务以及来自不同时间、不同地域、不同出版机构的图书排名信息。这些服务都可以扩大选题在图书市场上的声势和影响。

(摘自《编辑之友》2011 年 02 期)

图 8-6　人民出版社官方微博宣传《哈利·波特》丛书

【本节要点】

1.跨媒体出版选题策划；

2.立体化品牌建设；

3.全程策划。

【思考实践】

选择当前一部传统出版物，进行跨媒体出版策划，撰写全程策划书，并建立立体化出版品牌。

任务3　数字版权保护

8.3.1　易受侵害的数字版权

随着全球信息化进程的推进以及信息技术向各个领域的不断延伸，数字出版产业的发展势头强劲，并日益成为我国出版产业变革的"前沿阵地"。有预测数据显示，到2020年，我国网络出版的销售额将占到出版产业的50%，而到2030年，90%的图书都将是网络版本。

数字版权也就是各类出版物、信息资料的网络出版权，可以通过新兴的数字媒体传播内容的权利。包括制作和发行各类电子书、电子杂志、手机出版物等的版权。一般出版单位都具有该社所出版图书资料的自行出版数字版权，少数有转授权，即可以将该数字出版权授予第三方机构进行使用。

事实证明，图书数字化以后，盗版极其容易，复制件与原件一模一样，而且复制几乎没有什么成本，这就使得网络出版的版权控制更加困难。一些新出版的畅销图书很快被做成电子书在网上流传，但这往往是一些个人网站未经授权擅自制作的，是违反著作权法的行为。因此，目前很多出版社都不愿意让自己出版社的图书数字化，最主要的原因就是对数字出版中盗版问题的恐惧。版权的法律保护问题解决不好，即使产业本身具有发展潜力，出版单位对数字出版也只能是敬而远之。

8.3.2　数字版权保护方法

数字版权保护技术就是对各类数字内容的知识产权进行保护的一系列软硬件技术,用以保证数字内容在整个生命周期内的合法使用,平衡数字内容价值链中各个角色的利益和需求,促进整个数字化市场的发展和信息的传播。具体来说,包括对数字资产各种形式的使用进行描述、识别、交易、保护、监控和跟踪等各个过程。数字版权保护技术贯穿数字内容从产生到分发、从销售到使用的整个内容流通过程,涉及整个数字内容价值链。

1) 数字版权管理机制

数字版权管理机制(Digital Rights Management 简称 DRM)指的是出版者用来控制被保护对象的使用权的一些技术,这些技术保护的有数字化内容(例如:软件、音乐、电影)以及硬件,处理数字化产品的某个实例的使用限制。它是随着电子音频视频节目在互联网上的广泛传播而发展起来的一种新技术。其目的是保护数字媒体的版权,从技术上防止数字媒体的非法复制,或者在一定程度上使复制很困难,最终用户必须得到授权后才能使用数字媒体。

数字版权管理机制是针对网络环境下的数字媒体版权保护而提出的一种新技术,一般具有六大功能:第一,数字媒体加密。打包加密原始数字媒体,以便于进行安全可靠的网络传输。第二,阻止非法内容注册。防止非法数字媒体获得合法注册从而进入网络流通领域。第三,用户环境检测。检测用户主机硬件信息等行为环境,从而进入用户合法性认证。第四,用户行为监控。对用户的操作行为进行实时跟踪监控,防止非法操作。第五,认证机制。合法用户的鉴别并授权对数字媒体的行为权限。第六,付费机制和存储管理。包括数字媒体本身及打包文件、元数据(密钥、许可证)和其他数据信息(例如:数字水印和指纹信息)的存储管理。

【案例】

数字版权管理的先锋:ContentGuard

ContentGuard 是施乐公司和微软公司于 2000 年 4 月联合成立的一家公司,旨在开发和销售保护知识产权的软件。该公司拥有一系列的数字内容和数字化服务的分发和管理的专利,并且开发了可扩展版权标记语言(Extensible Right Markup Language,简称 XrML)。这些核心技术使得公司可以创建有效的 DRM 系统,简化数字化分发过程,为数字出版商设计不同的商务模式,增加获利机会。

ContentGuard 公司的 DRM 系统是一个带有内置电子商务现金收入记录系统的编码软件。在这个系统里，数字出版物被编码，用户要通过购买获得密钥，或者提供 E-mail 地址才能使用。数字出版商可利用 XrML 方便地设置商业规则，系统使用一种"复合密钥"的技术来保护作品，任何人企图访问非法复制的出版物，都会在使用过程中不断地遭遇提醒。这样即使一个黑客攻击数字出版物的某个片段，也无法传播整个作品。

（摘自百度百科）

2）数字水印技术

数字水印技术是将一些标识信息（即数字水印）直接嵌入数字载体（包括多媒体、文档、软件等）当中，但不影响原载体的使用价值，也不容易被人的知觉系统（如视觉或听觉系统）觉察或注意到。通过这些隐藏在载体中的信息，可以达到确认内容创建者、购买者、传送隐秘信息或者判断载体是否被篡改等目的。

作为数字水印，主要体现 4 个特性：第一，安全性。水印信息应当难以篡改、难以伪造。第二，隐蔽性。水印对感官不可知觉，水印的嵌入不能影响被保护数据的可用性。不具备这一特性的水印，称为可见水印。如电视台播放信号的时候在某个角落经常嵌有它的标志。第三，强健性。水印能够抵御对嵌入后数据的一定操作，而不因为一些细微的操作而磨灭。包括数据的传输中产生的个别的错误，图像或视频、音频的压缩。不具备这一特性的水印，称为脆弱水印。第四，水印容量。是指载体可以嵌入水印的信息量。

【案例】
Digimarc 公司的数字水印技术

美国的 Digimarc 公司成立于 1995 年，是最早从事数字水印软件开发的企业之一，其主要产品面向多媒体版权保护、认证和电子商务等领域。

该公司产品包括捆绑在类似 Adobe photoshop 图像处理或 CorelDRAW 图形绘制软件上的数字水印插件 PictureMarc，它可以在图像中加入著作权标识、发行权标识和复制权标识，用于配套使用的数字水印阅读器是 ReadMarc，用于批量添加图像水印的软件是 BatchMarc Pro。

Digimarc 公司提供的 MarcCentre 平台，是一个基于 Internet 的水印认证服务系统，可以管理大规模的著作权 ID 数据库，并提供各种在线服务。其中，MarcSpider 是一个水印代理，它可以根据用户的版权管理信息，自动地在 Internet 上搜索数字作品的非法复制，然后以报表的形式将相关网址提供给用户，如图 8-7 所示。

Digimarc 公司的数字水印技术相当程度上满足了人们对信息安全的需求。2003 年,该公司入选《福布斯》25 家成长最快的科技公司,而且名列榜首。

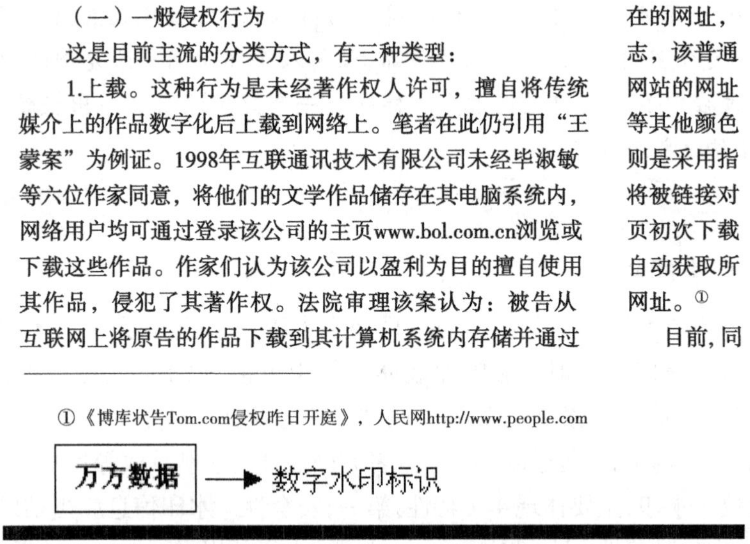

（一）一般侵权行为

这是目前主流的分类方式,有三种类型:

1.上载。这种行为是未经著作权人许可,擅自将传统媒介上的作品数字化后上载到网络上。笔者在此仍引用"王蒙案"为例证。1998年互联通讯技术有限公司未经毕淑敏等六位作家同意,将他们的文学作品储存在其电脑系统内,网络用户均可通过登录该公司的主页www.bol.com.cn浏览或下载这些作品。作家们认为该公司以盈利为目的擅自使用其作品,侵犯了其著作权。法院审理该案认为:被告从互联网上将原告的作品下载到其计算机系统内存储并通过在的网址,志,该普通网站的网址等其他颜色则是采用指将被链接对页初次下载自动获取所网址。[①]

目前,同

---

① 《博库状告Tom.com侵权昨日开庭》,人民网http://www.people.com

万方数据 ➡ 数字水印标识

图 8-7　万方数据库每页文献的数字水印标识

（摘自万方数据库 www. wanfangdata. com. cn）

【本节要点】

1.数字出版物特征;

2.跨媒体选题策划;

3.数字版权保护。

【思考实践】

1.为你所在的学校策划一期校庆特刊,以传统出版物的方式进行选题,可以是报纸、期刊或图书形式。

2.在选题策划传统出版物的基础上,选择数字出版介质,进行跨媒体选题策划,并进行全程策划,可考虑网络、光盘、微电影等方法结合。

参考文献

［1］宋连生.图书选题策划学［M］.北京:中国水利水电出版社,2006.

［2］苗遂奇.现代出版选题学引论［M］.苏州:苏州大学出版社,2005.

［3］苏拾平.文化创意产业的思考技术:我的120道出版经营练习题［M］.上海:上海人民出版社,2008.

［4］沈昌文.编书记［M］.北京:金城出版社,2011.

［5］方卿,邓香莲.畅销有理:畅销书案例评析［M］.广州:广东教育出版社,2005.

［6］郝铭鉴,孙欢.倾听书海:好书背后的故事［M］.上海:上海锦绣文章出版社,2009.

［7］陈颖青.老猫学出版［M］.杭州:浙江大学出版社,2009.

［8］刘观涛.畅销书的"蓄意"操作:如何成长为金牌策划人［M］.桂林:广西师范大学出版社,2009.

［9］刘苹.我与安徽出版——安徽出版五十年纪念文集［M］.合肥:安徽文艺出版社,2002.

［10］陈燕杰,李丽.选题策划需要关注的十大问题［J］.科技与出版,2010(9).

［11］［法］埃玛纽艾尔·艾曼,阿尔班·米歇尔.一个出版人的传奇［M］.北京:人民文学出版社,2010.

［12］［法］皮埃尔·阿苏里,加斯东·加利玛.半个世纪的法国出版史［M］.北京:人民文学出版社,2010.

［13］［英］汤姆·麦奇勒.出版人:汤姆·麦奇勒回忆录［M］.北京:人民文学出版社,2008.

［14］［美］贝内特·瑟夫.我与兰登书屋:贝内特·瑟夫回忆录［M］.北京:人民文学出版社,2007.

［15］［美］乔迪·布兰科.图书宣传［M］.石家庄:河北教育出版社,2005.

［16］［日］井狩春男.这书要卖100万:畅销书经验法则100招［M］.桂林:广西师范大学出版社,2009.

［17］严定友,段维.数字时代内容出版选题策划的走向［J］.出版科学,2009(06).

［18］张丽萍,刘寒娥.数字出版时代的"全媒体"策划理念［J］.编辑之友,2011 (02).

［19］吴波.编辑是一门正在消逝的艺术［M］.北京:金城出版社,2013.

［20］李鲆.畅销书潜规则——成就畅销书的116个细节［M］.北京:世界图书出版 公司,2013.

［21］李鲆.畅销书营销潜规则——成就畅销书的100个营销细则［M］.北京:世界 图书出版公司,2013.

［22］刘萍.编辑策划论略［J］.陕西师范大学学报(哲学社会科学版),2001(3).

［23］贺亮明.出版创意下的选题策划［J］.中国出版,2011(1).

［24］车远昭,文志雄.地方政府出版图书选题策划的几种方法［J］.湖南城市学院 学报,2013(1).

［25］李炳华.浅谈"点式""面式""线式""链式"选题策划延伸法［J］.出版发行研 究.2009(10).

［26］苏丹.人教社大众图书出版的措施和方法［J］.出版发行研究,2013(9).

［27］于博.少儿畅销书选题策划研究［J］.河南图书馆学刊,2013(3).

［28］曹锦花.试论高等教育教材选题策划的读者定位［J］,2007(3).

［29］邓玉琼.图书选题策划的九个误区［J］.知识文丛,2013(7).

［30］郭有声.选题策划的科学思维和预测［J］.出版科学,2004(4).

［31］张桂枝.医学类图书选题策划方法探讨［J］.南都学刊(哲学社会科学版), 2000(4).